Jürgen Todenhöfer

Teile dein Glück

... und du veränderst die Welt!

Jürgen Todenhöfer

Teile dein Glück

... und du veränderst die Welt!

Fundstücke einer abenteuerlichen Reise

C. Bertelsmann

MIX
Papier aus verantwortungsvollen Quellen
FSC® C014889

Verlagsgruppe Random House FSC-DEU-0100
Das für dieses Buch verwendete FSC®-zertifizierte Papier *EOS*
liefert Salzer, St. Pölten, Österreich.

1. Auflage

Umschlaggestaltung: R·M·E Roland Eschlbeck
und Rosemarie Kreuzer
Satz: Uhl + Massopust, Aalen
Druck und Bindung: Friedrich Pustet, Regensburg
Printed in Germany
ISBN 978-3-570-10069-1

www.cbertelsmann.de

Glück wird größer, wenn man es teilt.
Man kann es selbst dann schenken,
wenn man keines hat.

In Erinnerung an Joachim

Inhalt

I.

Die Nacht auf dem Meer

Die Sonne war untergegangen. Der kleine Fischerhafen lag in einem diffusen, graublauen Licht. Der Kapitän – er mochte sechzig Jahre alt sein – steuerte seinen knarrenden Fischkutter schweigend aus dem Hafen. Trotz seiner zerzausten weißen Haare und seines Che-Guevara-Barts strahlte er Würde aus. Vielleicht nannten seine Männer ihn deshalb Medico.

Der dieselgetriebene Kutter war etwa zwanzig Meter lang. Mit seinen Kränen, Winden und gestapelten Sperrholzkästen sah er aus wie eine Hinterhof-Fabrik, nicht wie ein romantischer Fischerkahn. Auf den gefalteten Netzen lagen zwei winzige Ruderboote. Sie erinnerten an Walnussschalen. Backbord neben den Fischernetzen stand ein vier Meter großes Motorboot. Ein Rettungsboot?

Ich atmete den strengen Geruch von brackigem Wasser, Fisch und Diesel und genoss den Fahrtwind, der uns entgegenschlug. Das Schiff stampfte mit zehn Seemeilen aufs schwarzblaue Meer hinaus. Keiner der sieben verwegen ausschauenden Seeleute sprach ein Wort. »Erol«, ein fünfzigjähriger, etwas verwitterter, gegerbter Italiener, servierte klebrigsüßen Espresso. Er ähnelte dem verstorbenen Filmschauspieler Erol Flynn in dessen besten Jahren. Nur dass er keine Zähne mehr hatte.

Als der Medico nach einer Stunde den Motor abstellte, hatten alle schon mindestens drei Tassen Espresso getrunken. Mit dem linken Arm gab der Kapitän ein Zeichen. Die Besatzung nahm ihre Plätze ein. Mit einer Motorwinde ließ sie die erste »Nussschale« ins Wasser. Wie eine Katze sprang Erol hinein und ruderte mit kräftigen Schlägen vom Hauptschiff weg.

Nach fünfzig Metern ließ er einen großen Steinbrocken ins Wasser fallen. Durch ein dünnes Nylonseil mit dem Boot vertäut, diente er als Anker. Im Innern des Bootes warf Erol einen dröhnenden Generator an. Drei grellweißes Licht ausstrahlende Scheinwerfer leuchteten auf. Zwei unter Wasser, einer auf dem Boot. Sie tauchten das schwarzblaue Wasser in ein märchenhaftes Türkis.

Hundert Meter weiter wurde das zweite »Walnussboot« zu Wasser gelassen. Lorenzo, ein schlanker Junge mit viel zu großer Hornbrille, sprang hinterher. Wieder wurde ein hämmernder Generator angeworfen. Das grandiose Lichtspektakel wiederholte sich.

Die Scheinwerfer hatten die Aufgabe, Plankton anzuziehen. Das wiederum sollte Fische anlocken. Bevorzugt die köstlichen Acciugas, für die man gutes Geld bekam. Aber manchmal kamen auch nur einfache Heringe.

Nachdem der Kapitän Erol und Lorenzo wieder eingesammelt hatte, entfernte er sich mit dem Hauptschiff rund fünf Kilometer. Dann stellte er den Motor ab. Es war dreiundzwanzig Uhr. Nun hieß es bis drei Uhr morgens warten. Bis dahin hatten sich hoffentlich genügend Acciugas im Umfeld der gleißenden Bootslampen versammelt, um sich am Plankton zu laben. Bis auf den Medico und Erol verkroch sich die Mannschaft in Kajüten und Winkeln des Kutters, um zu schlafen. Die spärliche Beleuchtung des Schiffes wurde ausgeschaltet. Nur noch schemenhaft konnte man seine Konturen erkennen.

Ich stand an der Reling und verfolgte fasziniert das farbenfrohe Schauspiel: Das türkisblaue Meer, das immer, wenn der auffrischende Wind die winzigen »Walnussboote« und ihre Schweinwerfer bewegte, eine milchige Farbe annahm. Die Wellen, die dort dann aussahen wie kleine Schäfchenwolken. Und über uns einen Sternenhimmel in einer Pracht, wie ich sie nur selten gesehen hatte. Venus und Jupiter funkelten und glitzerten, als wären sie wirklich in Kristallschalen gefasst, wie unsere Vorfahren geglaubt hatten.

Der Medico hatte sich unbemerkt neben mich gestellt. »Warum wolltest du aufs Meer?«, fragte er mit seiner warmen, tiefen Stimme. Ich dachte nach. Was sollte ich ihm erzählen? Ich kannte ihn kaum. Fast unwillkürlich antwortete ich: »Weil ich eine Entscheidung treffen muss und das zu Hause nicht kann. Weil ich dazu dieses Meer und seinen riesigen Sternenhimmel brauche.« Mein Geständnis war mir fast peinlich.

»Was für eine Entscheidung?«, fragte der Medico. »Ich fahre nachts auch raus, weil ich es in der Stadt nicht aushalte. Eigentlich bin ich Arzt. Deswegen nennen sie mich Medico. Aber ich kann das Leben dort nicht mehr mitmachen. Ich brauche das Meer. Nicht nur heute Nacht, immer. Ich kann nicht leben wie eine Ameise in einem Ameisenstaat. Doch das ist mein Problem. Was musst du entscheiden?«

Ich erklärte ihm, dass ich vor über zwanzig Jahren

angefangen hatte, für meine Kinder persönliche Erfahrungen, Alltagsweisheiten aufzuschreiben. Eine Art ethisches Navigationssystem. Dass mein Verlag mich gefragt hatte, ob wir diese Erkenntnisse nicht gerade jetzt veröffentlichen sollten. Ich müsse sie allerdings durch persönliche Anekdoten auflockern und erklären. Das hätte ich in den letzten Monaten getan.

Ich sei dazu noch einmal zu einer mehrmonatigen Reise um die Welt aufgebrochen. Zur längsten Reise meines Lebens. In die USA, nach Brasilien, Vietnam, Indonesien, Afghanistan, Pakistan und Indien.

Bis in den nordindischen Panjab, ins Land der bunten Turbanträger, der Sikhs. Um eine Nacht in ihrem märchenhaften Goldenen Tempel zu verbringen. Und gemeinsam mit ihnen, am Boden sitzend, beim »Langar« das »Brot für alle« zu essen, das in den Tempelanlagen jeden Tag an Arm und Reich verteilt wird.

Ich wollte das, was ich geschrieben hatte, nochmals aus der Distanz betrachten. Von der anderen Seite der Welt. Losgelöst vom Alltag. Jetzt sei das Buch fertig. Ich allerdings auch.

»Und wo liegt die Schwierigkeit?«, fragte der Medico ein wenig belustigt, aber interessiert. Reisen schienen ihn zu faszinieren.

»Sie liegt darin, dass ich nie ein weiser oder besonders guter Mensch war. Ich habe fast alle Fehler dieser Welt begangen. Wahrscheinlich mehr als andere. Ich bin unbeherrscht, unpünktlich und nicht sehr treu. Selbst mein gelegentlicher Altruismus hat egoistische Züge. Wahrscheinlich versuche ich, etwas gut zu machen. Vielleicht um die Zeit im Fegefeuer zu verkürzen. Ich habe zwei Ehen vermasselt, in meiner Jugend gegen viele moralische Regeln verstoßen und nicht den geringsten Grund, darauf stolz zu sein. Über all das könnte ich ein dickes Buch schreiben – viel dicker als das, was ich jetzt geschrieben habe.«

Ich sah, dass der Medico ein breites Grinsen aufgesetzt hatte. Wahrscheinlich ließ er in seinem Innern gerade seine eigenen Jugendstreiche Revue passieren.

»Meine Lehrer haben mich fast alle zum Teufel gewünscht«, fuhr ich fort. »Sie würden sich im Grab umdrehen, wenn sie wüssten, dass ausgerechnet ich Maximen zur Lebensweisheit veröffentliche. Noch wenige Wochen vor dem Abitur brüllte ein Lehrer vor der ganzen Klasse, Kerlen wie mir müsste schon das Betreten von Universitäten verboten werden.«

»Und?«, fragte der Medico noch immer feixend. »Ich habe verstanden, dass du kein Philosoph bist und vor allem keiner sein willst. Übrigens waren die meisten Philosophen keine würdigen, weisen Männer. Das haben wir dazu erfunden. Sokrates war ein Straßenclown, der der Wahrheit gerne unter den Rock schaute. Diogenes saß in einer Tonne und hatte gegenüber Alexander dem Großen nur einen Wunsch – dass er ihm aus der Sonne gehe.

Das waren echte Philosophen. Sie wussten, dass sie vieles nicht wussten. Philosophen raten, suchen, sind immer auf dem Weg. Seit Sokrates darf man das ja offen zugeben. Aber du scheinst auch ein Problem mit dem zu haben, was du Anekdoten nennst. Warum?«

Der Medico wirkte sehr konzentriert. Von Philosophie schien er mehr zu verstehen als ich. Was nicht schwer war. Und für einen Arzt auch nicht erstaunlich.

»Weil sie oft von den Großen der Welt berichten«,

antwortete ich. »Da gehöre ich nicht dazu. Ich will auch nicht dazugehören. Doch das kann man, wenn man will, missverstehen. Eigentlich spiele ich in den Anekdoten nur die Rolle eines Pausenclowns, der erzählt, wie es hinter den Kulissen zugeht. Es sind oft Erlebnisse aus meinem Leben, weil man sich selbst am besten kennt. Und weil ich dadurch leichter ohne erhobenen Zeigefinger zeigen kann, wie man es nicht machen sollte. Ich habe ja selber vieles falsch gemacht.

Doch die Anekdoten sollen nicht mich, sondern die Aphorismen erklären. Nur die sind wichtig. Die sollte man ernst nehmen. Die Anekdoten nicht alle. Ich habe nichts dagegen, wenn man über manche lächelt. Pausenclowns sind nicht traurig, wenn sie ausgelacht werden.«

»Keine Autobiographie durch die Hintertür?«, schmunzelte der Medico. Ich überlegte. Ich war nicht aufs Meer hinausgefahren, um mir oder anderen etwas vorzumachen. Dieser Arzt, der lieber Fischer war, konnte mir vielleicht weiterhelfen. Er hatte sich in seinem Leben offenbar ähnliche Fragen gestellt.

»Es sind Mosaiksteinchen aus einem ziemlich verrückten Leben«, erwiderte ich. »Doch kein Gesamtbild. Ich habe, um die Aphorismen zu erklären, viel Privates preisgegeben. Oft auch sehr Selbstkritisches.

Aber ich habe auch manches nicht erzählt. Um bei dem Bild der Manege zu bleiben: Pausenclowns erzählen nie alles aus ihrem Leben. Das würde auch niemanden interessieren. Aber sie dürfen alles aussprechen. Selbst Dinge, die die Stars der Manege, die angeblich Großen unserer Welt, nicht gerne hören.«

Da mich der Medico leicht ungläubig anschaute,

fuhr ich fort: »Für eine Autobiographie bin ich nicht wichtig genug. Ich habe nichts geleistet, was die Welt unbedingt erfahren müsste. Aber ich hatte das Glück, in vielen spannenden Berufen arbeiten und intensiv im Buch des Lebens lesen zu dürfen. Als Autowachs-Verkäufer, Skilehrer, Reiseleiter, Universitätsassistent, Parteireferent, Richter, Abgeordneter, Manager. Ich konnte erstaunliche Menschen kennenlernen – Halunken und Heilige, Terroristen und Freiheitskämpfer, Könige und Bettler, Pinochet und Gorbatschow.«

Ich hielt inne, um zu sehen, ob der Medico zuhörte. Aber er schien ganz Ohr. Obwohl es weit nach Mitternacht war.

»Außerdem habe ich seit meinem dreißigsten Lebensjahr viel gelesen. Ich habe gesammelt und gesammelt. Eigene und fremde Aphorismen. Ich wollte die Weisheit nicht neu erfinden, sondern für meine Kinder und mich wiederentdecken. Und von allen das Beste übernehmen. Besonders beeindruckt war ich von Epiktet, Marc Aurel und Seneca. Aber auch von Nietzsche. Oder besser gesagt von seinen Diagnosen, nicht von seinen Therapien.«

Der Medico hatte die Augen geschlossen. Doch ich spürte, dass er genau zuhörte. Trotzdem wollte ich ihn nicht mit all meinen Bedenken behelligen. Da ich vieles nur für meine Kinder aufgeschrieben hatte, hatte ich häufig nicht präzise zitiert. Ich hatte Zitate gekürzt oder umgeschrieben. Vielleicht waren zwei Drittel der Aphorismen von mir, vielleicht auch nur die Hälfte. Mir war das egal. Alles war irgendwann schon einmal gedacht worden. Meine Aphorismen waren auch nicht methodisch geordnet, sondern subjektive Gedankensplitter. Chaotisch wie das Leben, systematisch unsystematisch. Ich wollte keine philosophische Doktorarbeit schreiben.

Da ich nicht weitersprach, öffnete der Medico die Augen und lächelte: »Ich weiß, wo deine Sorgen liegen. Du schreibst über Weisheit und bist nicht weise. Du schreibst über große Männer, hast aber Angst, man könnte dir unterstellen, du hieltest dich selbst für den Größten. Du spürst, dass das, worüber du schreibst, größer ist als du. All das kann ich verstehen. Aber was ist dein Antrieb? Du hast doch ein Anliegen, du willst doch etwas bewirken.« Er hatte eindringlich gesprochen, wie ein Freund, den man seit Ewigkeiten kennt.

»Natürlich habe ich ein Anliegen. Ein großes sogar. Ich habe dieses Buch geschrieben wegen der abenteuerlichen Irrwege, auf denen sich unsere Welt bewegt. Wegen des Leids, dem ich in den letzen Jahren begegnet bin, für das wir alle Mitverantwortung tragen. In den Krisengebieten der Erde, aber auch in unserem eigenen Land.

Nicht nur in afghanischen oder irakischen Krankenhäusern möchte man weinen, sondern auch in manchen deutschen Altersheimen. Wo halten wir uns an die Werte unserer Zivilisation? An Freiheit, Gleichheit und Brüderlichkeit? An Respekt und Nächstenliebe? An die Unverletzlichkeit der Menschenwürde? Alles ungehaltene Versprechen.

Dabei könnte jeder einen Beitrag leisten, das Elend zu lindern. Egal, wie groß oder klein seine Rolle in unserer Gesellschaft ist. Mit etwas mehr Respekt, Menschlichkeit und Herz. Mit Gerechtigkeit für alle. Auch für die Schwachen. Selbst wenn sie eine andere

Hautfarbe oder Religion haben. Oder einfach nur alt und alleine sind. Wir alle tragen Verantwortung für unsere Welt. Doch ich weiß nicht, ob ausgerechnet ich das Recht habe, dieses Buch zu schreiben. Und ob es nicht viel zu spät ist.«

»Was sagen deine Kinder? Für die hattest du doch die Aphorismen aufgeschrieben«, fragte der Medico. Ich musste lachen. »Die sagen: Du musst das veröffentlichen. Auch wenn es Spott und Ärger gibt. Schau halt, dass es nicht so aussieht, als wolltest du jetzt auch noch den Moses geben!«

Der Medico schmunzelte: »Die Rolle würden mir meine Kinder auch übelnehmen.« Er hatte zwei Kinder in ähnlichem Alter wie meine. Zwischen zwanzig und dreißig. Die vielleicht auch nicht immer verstanden, warum er lieber Fischer als Arzt war. Er schwieg lange.

Die Wellen schlugen gegen seinen Kutter, der warme Wind streichelte unsere Gesichter. Erol tauchte aus dem Dunkel auf und brachte zwei neue Espressi. Der Medico hockte sich auf die gestapelten Netze und gab mir ein Zeichen, mich dazuzusetzen.

»Euer Dichter Hermann Hesse«, erzählte er, »berichtet in seinem ›Glasperlenspiel‹ von einem Einsiedler, Joseph Famulus. Der hat sich im frühen Palästina in eine Felsenhöhe bei Gaza zurückgezogen. Die Menschen verehren ihn als Heiligen. Sie besuchen ihn, schütten ihm ihr Herz aus, beichten ihre Sünden. Joseph hört geduldig zu und macht ihnen Mut. Bußen erlegt er nicht auf. Dazu ist er zu milde.

Er weiß, dass auch er ein Sünder ist. Seine Selbstzweifel werden mit den Jahren so groß, dass er aus seiner Grotte flieht. Er hat noch eine Hoffnung: In Ascalon, im Westjordanland, lebt ein viel strengerer Einsiedler, Don Puglio, den die Menschen tief verehren. Ihn will er aufsuchen, ihm will er beichten, von ihm vielleicht doch noch den Sinn des Lebens erfahren.

In einer Herberge trifft er einen alten Mann, der sich nach einigem Zureden bereit erklärt, ihn zu Don Puglio zu führen. Als sie an dessen Höhle ankommen, erkennt Joseph, dass sein Begleiter selbst Don Puglio ist. Überglücklich bittet er, bleiben zu dürfen. Der alte Weise willigt ein.

Gemeinsam verbringen sie viele Jahre. Sie nehmen Sündern ihre Beichten ab und lernen voneinander. Beide erkennen, dass auch Heilige Sünder sind und vieles nicht wissen. Don Puglios Bußen werden immer milder.

Als er spürt, dass sich sein Leben dem Ende zuneigt, bittet er Joseph, ihm ein Grab zu schaufeln. Und nach seinem Tod eine Palme darauf zu pflanzen. Die Früchte des Baumes seien für ihn und für kommende Generationen bestimmt.

Dann erzählte Don Puglio zum ersten Mal seine eigene Geschichte. Vor vielen Jahren habe er so starke Selbstzweifel bekommen, dass er es in seiner Grotte nicht mehr ausgehalten habe. Er habe nur noch eine Hoffnung gehabt – Joseph Famulus, den milden Einsiedler in Gaza. Doch dann habe er ihn in jener Raststätte getroffen und gemerkt, dass Joseph genauso verzweifelt war. Da habe er seine eigenen Sorgen zurückgestellt, um Joseph einen Weg aus der Verzweiflung zu weisen. Jetzt, da er diese Beichte abgelegt habe, könne er in Ruhe sterben.

In derselben Nacht verstirbt Don Puglio. Joseph Famulus pflanzt auf seinem Grab die versprochene Palme, von deren Früchten noch viele Generationen leben. Und in denen Don Puglio weiterlebt.

Aus dieser Geschichte«, schloss der Medico betont langsam und auch ein wenig müde, »habe ich gelernt, dass es keine Menschen ohne Fehler gibt. Dass man, selbst wenn man viele Fehler hat, anderen Ratschläge erteilen und Mut machen darf. Es gibt keine Heiligen. Das ist alles Lüge. Ist diese Fabel eine Antwort auf deine Fragen?«

Wir verstummten beide. Erst als der Medico bemerkte, dass sich seine Leute ungeduldig an dem großen »Rettungsboot« zu schaffen machten, sprang er auf. Er sah, dass drei Uhr längst vorbei war. Eilig lief er in den Maschinenraum. Dann steuerte er seinen Kutter vorsichtig zum ersten der beiden »Walnussboote«, die verspielt auf dem türkis leuchtenden Wasser tanzten. Wieder färbte sich das Meer beim Näherkommen milchigweiß. Wieder sahen die Wellen aus wie kleine Wolken.

Erol ließ sich flink in das winzige Boot fallen. Es war von Tausenden silbrig glänzender Acciugas umgeben, die das Plankton genossen. Schnell kappte Erol das Nylonseil. Dann begann er langsam und vorsichtig zu dem etwa zwei Kilometer entfernten zweiten »Walnussboot« zu rudern. Es galt, die Fischschwärme ohne Verluste zusammenzuführen. Leise und weich tauchte er die Ruderblätter ins Wasser ein. Nach einer halben Stunde hatte er es geschafft. Die Fischschwärme waren vereint.

Auf ein Zeichen von Erol ließ die Mannschaft das große Boot, das »Rettungsboot«, ins Wasser. Lorenzo kletterte – nicht ganz so katzenhaft wie Erol – hinein. Er befestigte das Ende des Fischernetzes, das ihm die Mannschaft zugeworfen hatte, an einer Metallvorrichtung im Innern des Bootes. Mit dem sich auffaltenden Netz im Schlepptau umfuhr er im großen Kreis die beiden »Walnussboote«. Nach einer Stunde waren die Fischschwärme von einem riesigen Netz umgeben, aus dem es kein Entrinnen gab.

Die Mannschaft begann, das fangschwere Netz langsam aus dem Meer zu ziehen. Nach einer Stunde bildete es nur noch einen Kreis von etwa zehn Metern. Tausende silbrige Fische zappelten in der perlenden, spritzenden weißen Gischt. Mit einem großen Kescher schöpfte der Medico die Acciugas aus dem Netz und goss die glitzernde Pracht durch eine Luke ins Schiffsinnere. Angelo schaufelte sofort Eis darauf, bevor der Medico den nächsten Kescher Acciugas nachschüttete. Nach einer halben Stunde waren über dreitausend Kilo Fisch an Bord.

Dann wurden die Scheinwerfer an den Minibooten ausgeschaltet. Das Meer nahm überall wieder seine schwarz-blaue Farbe an. Nur Millionen winziger Sauerstoffperlen erinnerten an den großen Fang. Es war sechs Uhr.

Auf ein Zeichen des Medico holte die Mannschaft die »Walnussschalen« und das große Boot mit Motorwinden an Bord. Dann verschwand er wortlos in seiner Kajüte und nahm Kurs aufs Festland. Die Männer begannen, die Acciugas in die Sperrholzkästen einzusortieren. Eine halbe Stunde später war auch diese Arbeit getan.

Ich stand steuerbord an der Reling und ließ mir die

warme Seeluft ins Gesicht wehen. Hatte ich die Nacht über geträumt oder gewacht? Ich war kein bisschen müde. Ich musste an jenen asiatischen Weisen denken, der geträumt hatte, er sei ein Schmetterling. Als er aufwachte, wusste er nicht mehr, war er ein Philosoph, der geträumt hatte, ein Schmetterling zu sein, oder ein Schmetterling, der träumte, ein Philosoph zu sein. War nicht das ganze Leben ein Traum, eine Illusion?

Im Westen begann die Sonne aufzugehen. Sie färbte den Himmel purpurrot und legte eine breite silberne Spur aufs Meer. Ich atmete tief durch, unendlich glücklich. Ich wusste, was ich zu tun hatte.

Gegen sieben Uhr lagen wir im Hafen vor Anker. Der Medico nahm mich wie einen Bruder in die Arme. Er roch nach Tabak, Espresso und Meer. »Ich wünsche dir mit deinem Buch viel Glück«, sagte er. »Wenn du auch nur das Leben von ein paar Menschen veränderst, hat es sich gelohnt. Dazu ist es nie zu spät. Unsere Bauern sagen: Die beste Zeit, einen Baum zu pflanzen, war vor zwanzig Jahren. Die zweitbeste ist heute. Aber denke an deine Kinder! Gib nicht den Moses!«

Wenig später saß ich in einem kleinen Café gegenüber dem Hafen und trank den besten Milchkaffee seit Jahren.

II.

Wozu Tugenden?

Über Nachtflüge ohne Kompass und Instrumente

Es gibt in unserer Zeit einen Trend weg von Idealen, Pflichten und Tugenden. Schließ dich diesem Trend nicht an! Ein Leben ohne die klassischen Ideale und Werte wie Gerechtigkeit, Klugheit, Tapferkeit und Maß ist nicht nur arm, sondern auch gefährlich. Es ist ein Nachtflug ohne Kompass und Instrumente.

⋆

Tugend kommt von Tüchtigkeit. Man muss kein Mönch, keine Nonne, kein Heiliger sein, um nach Tugenden zu leben. Man kann auch ein fröhlicher Hallodri sein wie mein Suldener Freund Paul Hanny.

Paul, der ein wenig aussieht wie Luis Trenker, groß, schlaksig und knorrig, hatte in seiner Jugend fast alle Sünden dieser Welt begangen. Trotzdem war er ein wunderbarer Mensch geworden. Hilfsbereit, diszipliniert, mutig, ein Siegertyp mit riesigem Herzen.

Einst wilder Abenteurer und Bergkamerad Reinhold Messners – er machte mit diesem die ersten Fotos des Ötzi –, stellte er sein Leben in den Dienst des Südtiroler Bergdorfs Sulden. Er wollte den urigen Flecken unbedingt bekannt machen, damit es den Menschen dort besser gehe. Er fand ungewöhnliche Wege. Als Südtiroler Till Eulenspiegel und Baron Münchhausen.

Im November jeden Jahres veranstaltet Paul Hanny in Sulden eine Skiwoche. Dort lassen die großen Skifirmen ihr Material von Sportstars und von den Gästen des Dorfes testen. Mit dem Geld, das Paul schon im Sommer einkassiert, bestreitet er einen großen Teil seines Lebensunterhalts.

Als er eines Tages wieder einmal seinen Erlös von der Bank abgehoben hatte, legte er sich glücklich und zufrieden auf eine Suldener Wiese. Die Sonne schien, die Grillen zirpten, Kuhglocken läuteten, und in seiner Tasche lag ein dickes Bündel Geld. Selig nickte Paul ein.

Als er zwei Stunden später aufwachte, waren die Kühe immer noch da, doch das Geld war weg. Paul sprang auf, riss den wiederkäuenden Kühen die Mäuler auf, aber das Geld blieb verschwunden. Paul rannte ins Dorf. Unterwegs kam ihm ein italienischer Reporter entgegen. Atemlos schilderte Paul, dass ihm eine Kuh umgerechnet achtzehntausend Mark aus der Jacke gefressen habe.

Ungläubig starrte ihn der Reporter an. Wer ihm die Geschichte bestätigen könne, fragte er. Don Hurton, der alte Pfarrer, erwiderte Paul. Den könne man ab siebzehn Uhr erreichen. Dann rannte er weiter. Es war sechzehn Uhr.

Paul ging direkt zu Don Hurton. Er sprach über das Wetter, die gute Heuernte und den Segen Gottes. Leider habe er diesmal nicht von diesem Segen profitieren können, da eine Suldener Kuh sein ganzes Geld aufgefressen habe. Der Pfarrer wollte Einzelheiten wissen, aber Paul hatte keine Zeit und eilte fort.

Punkt siebzehn Uhr rief der Reporter Don Hurton an und fragte ihn, ob er die Geschichte mit der geldgierigen Kuh bestätigen könne. Der Pfarrer erklärte zögerlich, die Geschichte scheine wahr zu sein. Paul Hanny habe sie auch ihm gebeichtet.

Eine Stunde später ging die Meldung auf den Ticker. Kurz darauf war sie in den Hörfunknachrichten vieler Sender und am nächsten Tag in allen italienischen Tageszeitungen. Italien diskutierte über die Suldener Kuh, die ein Vermögen verzehrt hatte.

Paul konnte an diesem Morgen nicht wie gewohnt ausschlafen. Schon um sechs Uhr hämmerte Pfarrer Don Hurton gnadenlos an die Tür seiner kleinen Suldener Wohnung. Er hatte einen wütenden Anruf aus dem Vatikan erhalten. Zerknittert und zerknirscht musste Paul erneut beichten – diesmal die Wahrheit.

Den Kampf für Sulden aber gab er nicht auf. Er beschloss, Sulden auf die Seite eins von »BILD« zu bringen. Im Februar 1978 duschte Paul im Hotel »Metropol« in München, während sich sein Suldener Bergfreund, der frühere Skistar Roland Thöni, gerade umzog. Beim Blick aus dem Badezimmer sah der schaumbedeckte Paul, wie ein Fremder das Zimmer betrat und aus Rolands Anzug die Geldbörse angelte. »Diebe!«, brüllte Paul und rannte hinter dem Mann her, der fluchtartig das Zimmer verlassen hatte.

Der nackte, schäumende Paul und sein genauso unbekleideter Kumpel Roland jagten hinter dem Dieb her, durch die Hotelhalle und mitten im Winter durch die belebten, kalten Straßen Münchens. Immer wieder »Haltet den Dieb!« rufend.

Am Hauptbahnhof konnten sie ihn endlich stellen.

Schlotternd vor Kälte übergaben sie den Mann der Polizei. Die aber interessierte sich überhaupt nicht für den Dieb. Sie nahm den nackten Paul Hanny sowie Roland Thöni wegen Erregung öffentlichen Ärgernisses fest. Paul hatte trotzdem gesiegt. Die Riesenschlagzeile von »BILD« am nächsten Tag lautete: »Skistar Thöni fing nackt Hoteldieb.« Und erneut war Sulden in aller Munde.

Im März 2001 besuchte uns Michael Jackson auf unserer Berghütte in Sulden. Es ging um ein Internet-Projekt mit dem Burda-Konzern. Paul musste mir schwören, dass niemand im Dorf und vor allem kein nationales oder internationales Medium von dem Besuch erfahren würde. Er versprach es und hielt Wort. So schwer es ihm fiel.

Michael Jackson war kein großer Verhandler. Er wollte sich auf unserer Hütte entspannen. Die Verhandlungen überließ er seinen Spezialisten. So verbrachten wir zwei unbeschwerte Tage mit dem scheuen Michael, dem ich auf meiner Gitarre immer wieder »Lili Marleen« und »Sag mir, wo die Blumen sind« vorspielen musste.

Wir kamen nicht viel zum Schlafen, weil Michael Jackson erst tief in der Nacht zu Abend aß. Dann telefonierte er stundenlang mit seinen Kindern und deren Kindermädchen in den USA. Anschließend lieferte er sich bis sechs Uhr morgens mit meiner Tochter Valérie und meiner Frau auf den Stiegen der Hütte Kissenschlachten.

Paul stellte während der zwei Tage konsequent sicher, dass niemand in die Nähe unserer Hütte kam. Zum Abschied bat er, wenigstens auf einem Familienfoto mit Michael Jackson dabei sein zu dürfen. Natürlich durfte er. Michael liebte ihn und nannte ihn den »Präsidenten von Sulden«. Bei unseren späteren Telefonaten zwischen Deutschland und den USA lautete seine erste Frage stets: »Wie geht's dem Präsidenten?«

Ich war tief beeindruckt, wie eisern Paul schweigen konnte. Doch ich hatte ihn mal wieder unterschätzt. Die Schlagzeile der Südtiroler Regionalzeitung »Dolomiten« – die, wie Paul erklärte, weder ein nationales noch ein internationales Medium war – lautete am nächsten Morgen: »Michael Jackson in Sulden.« Ein großes Foto zeigte Paul mit Michael. Die übrigen Personen hatte Paul »im Interesse Suldens« weggeschnitten.

Nur Stunden nach Erscheinen dieses Zeitungsberichts rückten in Sulden mehrere Fernsehteams aus Österreich und Italien an, um Paul Hanny über Michael Jackson zu befragen. Bereitwillig erzählte Paul, dass nach Winston Churchill und Charles Darwin nun auch Michael Jackson auf seine Einladung hin die gesunde Bergluft Suldens genossen habe.

Im Südtiroler Landtag aber brach ein heftiger Streit über die Frage aus, ob Michael Jackson wirklich in Sulden war oder ob Paul wieder einmal geschwindelt hatte. Es wurde derart heftig gestritten, dass die Sitzung abgebrochen werden musste. Paul aber hatte sein Ziel erreicht, Sulden war wieder Tagesgespräch. Zumindest in Italien.

Trotz all dieser liebenswerten Schummeleien kann ich mich auf kaum einen Menschen mehr verlassen als auf Paul. Zumindest meistens. Ich habe nie einen gutmütigeren und gerechteren Menschen erlebt als

Paul Hanny. Dass er trotzdem ein »Gauner« ist, weiß er selbst am besten. Paul ist glücklich, wenn er andere glücklich machen kann. Er teilt sein Glück selbst dann, wenn er keines hat. Auch bei ihm hat das Leben mehrmals hart zugeschlagen. Noch in jüngster Zeit. Wie bei jedem.

⋆

Die klassischen Werte und Tugenden sind das Wissen menschlicher Zivilisation aus Jahrtausenden. Erinnerungen der Menschheit an erfolgreiche Wege zum Glück.

Viele Menschen unserer Zeit halten sich für fortschrittlich, wenn sie die klassischen Werte unserer Zivilisation bekämpfen. Sie übersehen dabei, dass sie einen Kampf gegen ihre eigenen Überlebensbedingungen, gegen ihr eigenes Glück führen.

⋆

Für mich ist die wertvollste aller Tugenden Gerechtigkeit. Und Frieden. Weil Kriege immer ungerecht sind. Gegen keine andere Tugend ist in der Geschichte so häufig und mit so schrecklichen Folgen verstoßen worden wie gegen Gerechtigkeit.

Auch ich war oft nicht gerecht und fair. Doch schon von Kindheit an hatte ich – vielleicht beeinflusst durch meinen Vater, der Staatsanwalt und Richter war – ein ausgeprägtes Bedürfnis nach Fairness und Gerechtigkeit.

Mein Vater gehörte wie die meisten Staatsanwälte

und Richter der dunklen Zeit des Nationalsozialismus der »Partei« an. Obwohl er sie als Burschenschafter im Grunde verachtete, war er ihr 1937 beigetreten. Der badische Oberlandesgerichtspräsident hatte ihm, dem zugereisten Hessen, mehrfach klargemacht, dass er ohne Zustimmung der NSDAP nicht in den badischen Justizdienst übernommen werde.

Die Partei hatte keine große Freude an ihm. 1941, auf dem Höhepunkt der Macht der Nationalsozialisten, eröffnete er in Offenburg gegen drei führende Nazi-Funktionäre ein Ermittlungsverfahren wegen Wirtschaftsvergehen. Er ließ sogar ihre Häuser durchsuchen. Die empörte Intervention des badischen Nazi-Gauleiters Wagner beim Generalstaatsanwalt führte dazu, dass die »Unabkömmlichkeit« meines Vaters als Staatsanwalt aufgehoben wurde. Er wurde »mit sofortiger Wirkung« als Soldat an die Ostfront nach Russland kommandiert.

Das brachte ihm zwei Lungenschüsse ein. Davon einen Steckschuss, der ihn bis an sein Lebensende quälte. Und bohrende Selbstzweifel, ob es nicht doch einen Punkt gibt, an dem Gerechtigkeit zur Torheit wird. Vor allem, wenn man eine Familie ernähren muss.

Mein Vater war kein Widerstandskämpfer und hat sich nie als solchen gesehen. Er war »Mitläufer« und nicht stolz darauf. Trotzdem habe ich ihn für seine kleine Heldentat gegen die damals übermächtigen Nazi-Führer bewundert. Obwohl er, nach seinem Rechtsgefühl, gar nicht anders handeln konnte.

Mein kindlicher Gerechtigkeitssinn äußerte sich in viel bescheideneren Dingen. Ich legte mich ständig mit älteren Jungs an, die Kleinere verprügelten. Meist wurde ich gleich mitverprügelt.

Mein Vorbild war Robin Hood. Nicht so, wie er wahrscheinlich war, sondern wie ich ihn mir vorstellte. Mutig gegen die Willkür der Starken, großzügig gegenüber den Schwachen. Was er den Reichen nahm, gab er den Armen. So wollte ich sein. Ich habe keinen Robin-Hood-Film verpasst. Natürlich bin ich diesem Idealbild nie gerecht geworden. Aber als Kind habe ich zumindest davon geträumt.

Das hat mich früh in schwierige Situationen gebracht. Als 1945 US-Panzer die Allee vor unserem Haus in Hanau durch ständiges Auf- und Abfahren demolierten und uns Kinder am Spielen hinderten, legte ich mich quer auf die Straße. Ich zwang die Panzer, Umwege zu fahren, bis wir die Straße wieder für uns hatten.

1947 überfielen im südbadischen Dorf Wagshurst französische Soldaten eine befreundete Bauernfamilie. Sie vergewaltigten alle Frauen, selbst die 67-jährige Altbäuerin. Wie von einer Tarantel gestochen rannte ich durch Renchen und brüllte: »Alle Franzosen sind Dreckspatzen.« Meinen Vater hätte das fast sein Amt als Richter gekostet. Er führte unter der französischen Besatzung von Renchen aus das Amtsgericht Kehl.

Dieser kindliche Traum von Fairness und Gerechtigkeit insbesondere Schwächeren gegenüber und der Wunsch, hierzu einen Beitrag zu leisten, haben mich mein Leben lang begleitet. Und ständig in Schwierigkeiten gebracht. Weil es fast immer auch ein Kampf gegen Mächtigere war. Ich dachte in meiner Naivität – und denke es bis heute –, Gerechtigkeit sei wichtiger als Macht. Ich wusste nicht, dass die Weltgeschichte anders herum funktioniert. Dass der Mächtige meist definieren kann, was Recht ist. Dass Gerechtigkeit häufig als Schlagwort der Schwachen belächelt wird.

Was aber ist Gerechtigkeit? Auch heute, fünfzig Jahre später, stelle ich mir diese Frage noch immer. Am Goldenen Tempel von Amritsar versuchte ein alter, gelehrter Sikh liebevoll, mir bei meiner Suche zu helfen.

Dürfte ich mir einen Märchenpalast erträumen, wäre es dieser Goldene Tempel der Sikhs, der legendäre Harmandir Sahib. Er ist von zauberhafter hinduistisch, byzantinisch, muslimischer Schönheit und steht im malerisch mittelalterlichen Panjab. Fast am Ende der Welt, dort, wo Indien und Pakistan jeden Abend bei Sonnenuntergang ihren einzigen gemeinsamen Grenzübergang mit einem schweren Eisentor verschließen und fest verriegeln.

Ich saß barfuß am warmen Marmorrand des Sarovar-Sees, der mit seinem heiligen Wasser den Tempel umspült. Tausende farbenfroh gekleidete Sikhs hockten, standen, lagen mit ihren roten, blauen, grünen, gelben, schwarzen und weißen Turbanen um den Tempel herum. Sie diskutierten, meditierten, beteten, schliefen oder lauschten dem Kirtan, den religiösen Gesängen, die vom Tempel herüber klangen.

Bhai Tarn Singh, mein weiser Sikh, saß leise lächelnd neben mir und beantwortete mit Engelsgeduld alle meine Fragen. Zur Religion der Sikhs, zur Wahrheit, zur Gerechtigkeit. Er war weit über achtzig Jahre alt, braun gegerbt, das gütige Gesicht von einem wallenden weißen Bart eingerahmt. Wie die meisten Besucher trug er Festtagskleidung – ein langes himmelblaues Gewand mit weißem Turban, einen goldenen

Schal, ein leicht geschwungenes, edles Schwert sowie einen großen Wanderstab. Ein panjabischer Moses. Wie alle männlichen Sikhs hieß er Singh, Löwe. So wie alle Sikh-Frauen hier Kaur, Prinzessin, heißen.

Mein weißbärtiger »Löwe« erzählte mir die Sage von einem jungen König, der für seine Gerechtigkeit weit über die Grenzen seines Reiches hinaus berühmt war. Und der zur Klärung seiner Gedanken einmal im Jahr eine Woche lang streng fastete.

Wieder einmal hatte er sieben Tage nichts gegessen. Mit jeder Faser seines Körpers sehnte er sich nach dem Festmahl, das seine Köche nach der Fastenwoche stets besonders liebevoll zubereiteten. Als er sich voller Vorfreude an die Tafel setzte, kam ein zerzauster Sperling angeflattert. Nach Luft schnappend flehte er um Hilfe. Der Adler verfolge ihn. Es könne nicht gerecht sein, dass der König jetzt prasse, während er, der Spatz, sterben müsse.

Der junge Herrscher überlegte, dann lächelte er den kleinen Vogel an: »Du darfst in meinem Palast bleiben. Du stehst unter meinem persönlichen Schutz.«

Als die Diener das erste Gericht auftrugen, kam mit gewaltigem Flügelschlag der Adler angeflogen. Bebend vor Zorn blickte er den König an. Wie könne er als gerechter Herrscher ihm und seinen Jungen die Nahrung verwehren? Womit solle er seine Familie ernähren, wenn er keine Vögel mehr jagen dürfe?

Der junge König blickte zu dem schmächtigen Sperling, der angstvoll ins Gebälk des Palastes geflüchtet war, schaute auf den gewaltigen, hungrigen Adler – und sah auf sein verführerisch duftendes Mahl. Lange dachte er nach. Dann stand er auf und befahl seinen

Dienern: »Bedient den Adler!« – und ging in seinen Fastenraum zurück.

Mein alter »Löwe« erhob sich. Ich blickte auf den Tempel, dessen goldenes Spiegelbild geheimnisvoll im dunklen Wasser des Sarovar-Sees schimmerte, hörte die Posaune, die ankündigte, dass das Heilige Buch der Sikhs, der Guru Granth Sahib, nun in feierlicher Prozession zu seiner nächtlichen Ruhestätte, dem Akal Takht Tempel, gebracht wurde, und lauschte den sakralen Gesängen, die immer näher kamen. Ich träumte nicht von einem Märchen, ich lebte ein Märchen. Mystisch und magisch. »Die Wahrheit ist unsterblich«, lächelte mein panjabischer »Löwe«. Und ließ mich staunend zurück.

Was ist Wahrheit, was ist Gerechtigkeit? Ich spürte, dass ich dabei war, die Antwort zu begreifen, ohne sie greifen und festhalten zu können. Dass ich nie genau wissen würde, wer Recht hatte – der Spatz, der Adler oder beide. Dass Gerechtigkeit immer nur Suche, Streben und Bemühen sein würde, ohne endgültige Antwort. Doch dass es eine Minimalpflicht gibt: Andere stets so zu behandeln, wie man selbst behandelt werden will.

Mitternacht war längst vorbei. Ich legte mich auf den warmen Marmorboden des Märchenpalastes von Amritsar und schlief ein.

*

Du bist ein Teil des Kosmos und seiner Geschichte. Du bist das Glied einer langen Kette, die bis in die Urzeit zurückreicht und weit in die Zukunft reichen kann. In jedem

Lebewesen befinden sich Erbinformationen aus Jahrmillionen. Dein Leben beginnt nicht mit dir und hört nicht mit dir auf.

Dein Bewusstsein ist nur eine kleine Insel im großen Meer des Unterbewusstseins. Dein Unterbewusstsein verbindet dich mit der Geschichte der Menschheit, mit der Seele der Welt und der Seele Gottes.

Höre stets auf deine innere Stimme, so leise sie auch sein mag. Auf dein Gewissen, deinen inneren Gerichtshof, wie Kant das nennt! Auf den Himmel über dir und in dir.

Weil dies nur wenige tun, macht der Charakter der Menschheit keinen Fortschritt. In Charakterfragen fängt jede Generation von vorne an.

Ein kluger Mann hat einmal gesagt: »Wo es um das Wesentliche geht, ist der Intellekt oft ein Hindernis.« Unsere Zeit leidet unter einer massiven Überschätzung des von Menschen Gedachten und einer Unterschätzung des Unterbewusstseins, des Herzens.

⋆

Beispiel Wiedervereinigung. Sie ist die Geschichte eines Wunders, mit dem damals kaum noch jemand gerechnet hatte. Mit Ausnahme einiger Träumer und

Phantasten. Ich war einer von ihnen. Viel belächelt, viel verspottet.

Als junger Abgeordneter hatten mir mein Bauch und mein Gewissen stets gesagt, dass die Mauer, die Deutschland teilte, fallen werde. Dass Deutschland wiedervereinigt werde. Für mich war das Unrecht der Mauer zu grotesk, zu eklatant. So wie eine Mauer durch Paris, London oder New York bizarr und absurd gewesen wäre. Kein Franzose, Engländer oder Amerikaner hätte sie akzeptiert.

Intellektuell konnte ich meine Position nur schwer begründen. Ich wusste nur, wir durften nicht einfach sagen: »Hey, wir im Westen haben Glück gehabt, uns geht's gut. Ihr im Osten habt Pech gehabt. Das ist euer Problem!« Man kann aus einer Schicksalsgemeinschaft nicht aussteigen wie aus einer Straßenbahn.

Die Klugen und Mächtigen standen fast alle auf der anderen Seite. Sie erklärten, man müsse die Realitäten anerkennen. Nur meine drei kleinen Kinder, denen ich die Mauer gezeigt hatte, gaben mir uneingeschränkt Recht. Kinder lieben Pausenclowns. Und Träumer.

In den achtziger Jahren schrieb ich ausführlich an die Führung der CDU und forderte eine aktivere Wiedervereinigungspolitik. Ich bekam nie eine Antwort. Im Beisein des späteren »Kanzlers der Einheit« hielt ich in der CDU/CSU-Fraktion eine lange Rede zur Wiedervereinigung und stieß auf betretenes Schweigen. Nur eine Handvoll Kollegen klopfte heimlich Beifall. Unter ihrem Pult. Wie bei einer Geisterbeschwörung.

Den Kollegen, die unter dem Pult Beifall signalisiert hatten, ging es mit ihren Initiativen genauso. Es waren Männer wie Herbert Czaja, Claus Jäger, Manfred Abelein oder Bernhard Friedmann. Helmut Kohl hatte für uns nur Verachtung und Schimpfnamen wie »Stahlhelm-Fraktion« übrig.

Als Friedmann 1987 forderte, bei den Abrüstungsverhandlungen mit der Sowjetunion auch über die Wiedervereinigung zu sprechen, schleuderte ihm der Kanzler via Fernsehen entgegen, er verbreite »blühenden Unsinn«. Für die vielen Kollegen waren wir weltfremde Außenseiter. Pausenclowns.

Nur mit Mühe konnten wir verhindern, dass die Wiedervereinigung aus dem Parteiprogramm der CDU gestrichen wurde. Der frühere offizielle Sprecher der Bundes-CDU und ihres Vorsitzenden Helmut Kohl, Karl Hugo Pruys, erinnert sich in seinem Buch »Der Mythos vom Kanzler der Einheit«: »1987 ist es der Intervention des Abgeordneten Todenhöfer zu verdanken, dass die Deutsche Einheit als nationales Ziel im CDU-Programm verbleibt. Obwohl Helmut Kohl bereit gewesen wäre, sie sang- und klanglos unter den Tisch fallen zu lassen.«

Er überzeichnet zwar meine Rolle kräftig, da auch andere Kollegen interveniert hatten. Aber Tatsache ist, dass die Wiedervereinigung mit Zustimmung Helmut Kohls aus dem ersten Entwurf des neuen Parteiprogramms der CDU herausgeflogen war und von uns mühsam wieder hineingeboxt werden musste. Kohl wollte die Einheit Westeuropas – ein ehrenvolles Ziel –, aber nicht die Einheit Deutschlands.

Einen roten Teppich gab es 1987 nur für Erich Honecker, nicht für die Wiedervereinigung. Das Thema war den politischen Eliten Deutschlands lästig und peinlich. Ein Relikt aus fernen Tagen, etwas für »Ewiggestrige«. Für die Bundesministerin für innerdeutsche Beziehungen Dorothee Wilms war die Wiedervereinigung ein Thema für einen »Zeitpunkt jenseits des politischen Zeithorizonts«. Das sagte sie 1988, zwei Jahre vor der Wiedervereinigung!

Der Bonner Korrespondent der FAZ Karl Feldmeyer berichtete mir damals, es gebe im Deutschen Bundestag kaum mehr als eine Handvoll Abgeordneter, die noch für die Wiedervereinigung einträten. Wohlmeinende Fraktionskollegen fragten mich mehrfach, ob mir denn kein progressiveres Thema einfalle. Ich würde mir damit doch nur meine Karriere zerstören.

Als 1989 das sowjetische Imperium und mit ihm die DDR in sich zusammenfielen, gab es plötzlich nichts mehr, was man trennen konnte. Auf der anderen Seite war kein richtiger Staat mehr da. Die Mauer hatte ausgedient. Die Wiedervereinigung bekam in der Manege der Weltgeschichte plötzlich ihre große Chance.

Aber Helmut Kohl zögerte weiter. Selbst nach dem Fall der Mauer durfte die Pressestelle der CDU/CSU-Fraktion das Wort »Wiedervereinigung« wochenlang nicht erwähnen, wie mir der Sprecher der Fraktion Günter Englisch verlegen gestand.

Doch dann kam über Kohl die »Gnade der späten Erkenntnis«. Zwar wollte er zuerst nur einen lockeren Staatenbund. Aber schließlich ergriff er den fast schon vorbeigerauschten Mantel Gottes doch noch. Er forderte die Wiedervereinigung. Mit höchster Autorität und Legitimation. Denn die Partei, die er führte, hatte ja nie auf sie verzichtet. Man durfte nur nicht jedes Wort der letzten Jahre auf die Goldwaage legen.

Von nun an ließ sich Kohl nicht mehr beirren. Und wurde dadurch zum großen Kanzler. Fest entschlossen verwirklichte er die Deutsche Einheit. Gegen den Widerstand führender Politiker aus allen Parteien. Auch aus der CDU.

Darin liegt sein historisches Verdienst. Niemand kann es ihm nehmen. Auch wenn die wahre Geschichte ein bisschen anders verlaufen ist, als sie heute erzählt wird. Aber das ist bei Wundern wahrscheinlich immer so.

Als die Deutsche Einheit in der Nacht vom 2. auf den 3. Oktober 1990 in Berlin feierlich vollzogen wurde, stand auch ich auf dem Balkon des Reichstags. Ich habe vor Freude Rotz und Wasser geheult. Vor uns standen Hunderttausende Menschen, die immer wieder »Helmut, Helmut«, »Kanzler der Einheit« riefen. Kohl lächelte staatsmännisch. Zu Recht!

Als sich die Feier auflöste, fühlte ich mich verloren. Zu viele Politiker beglückwünschten sich überschwänglich zu ihrem Beitrag zur Wiedervereinigung. Obwohl die meistens nichts, aber auch gar nichts für sie getan hatten. Sie behaupteten, ohne rot zu werden, endlich sei ihr Lebenstraum in Erfüllung gegangen. Alles war so unwirklich, so unecht, wie in einem schlechten Film.

Plötzlich stand Karl Feldmeyer neben mir, jener Journalist, der ähnlich einsam für die Wiedervereinigung gekämpft hatte. Als Journalist, der keine Politik machen durfte, hatte er es noch schwerer gehabt. »Was machen Sie für ein trauriges Gesicht? Das ist doch Ihr Tag, unser Tag. Das haben wir doch gewollt. Dass all diese Opportunisten einmal das bejubeln, was wir von ihnen verlangt haben«, fuhr er mich an. Wie recht er hatte!

Seither gibt es jedes Jahr einen großen Empfang zur Deutschen Einheit. Ich bin noch nie eingeladen worden. Ich wäre auch nicht hingegangen. Dort treffen sich vor allem die, die damals im Westen dagegen waren. Oder das Thema abgehakt hatten. Ordengeschmückt. Ob ihre innere Stimme sie manchmal an ihren Spott und Hohn der achtziger Jahre erinnert?

*

Zu Platons vier Haupttugenden Gerechtigkeit, Klugheit, Tapferkeit und Maß kommen zahlreiche weitere Tugenden, die sich teilweise aus ihnen ergeben. Ich habe nur die ausgewählt, die sich aus meiner subjektiven Sicht in der Geschichte der Menschheit bewährt haben.

Ich habe sie, trotz fließender Übergänge, in sanfte Tugenden wie Respekt und Nächstenliebe, Ordnungstugenden wie Ehrlichkeit und Disziplin sowie Siegertugenden wie Fairness und Großzügigkeit unterteilt. Du solltest alle drei Tugendarten hochhalten.

*

Die fünfzig wichtigsten Tugenden habe ich im Anhang zusammengestellt. Neben dreiunddreißig leider viel spannenderen Untugenden. Man sollte diese »Tugendtafeln« immer wieder lesen. Ich weiß, das ist Arbeit. Aber sie lohnt sich.

Mein Plädoyer für diese in ethische Regeln gegossenen Erfahrungen der Menschheit bedeutet nicht, dass ich es auch nur annähernd geschafft hätte, sie alle einzuhalten. Ich weiß das. Wichtig ist, dass man irgendwann aus seinen Fehlern lernt und dass am Ende des Lebens die Bilanz der Taten stimmt. Gegenüber anderen und sich selbst gegenüber.

In meiner Jugend habe ich bei Prüfungen fast immer gemogelt. Oft gab es kaum einen Körperteil, den ich nicht mit Formeln oder Vokabeln beschrieben hatte. Abends brauchte ich lange, um alles abzuschrubben. Vor schwierigen Klassenarbeiten steckte ich das Fieber-Thermometer in warmes Wasser und legte mich anschließend »mit hohem Fieber« schulunfähig ins Bett.

Diese Trägheitsanfälle hatte ich offenbar von einem Onkel geerbt, der ebenfalls seit frühester Kindheit eine unüberwindliche Abneigung gegen systematisches Arbeiten hatte. Auch ihn befiel sie meist kurz vor Klassenarbeiten. Als Erstes pflegte er über schmerzhafte Läh-mungen der Beine zu klagen. Seine Geschwister mussten ihn dann auf Befehl meiner Großeltern in einem kleinen Leiterwagen zur Schule fahren. Dort griffen die Lähmungen in der Regel auf Arme und Hände über.

Irgendwann gaben meine Großeltern auf und schickten ihn zur See. Auch das war ihm zu mühsam. So kehrte er bald mit einem fröhlichen Papagei aus Südamerika zurück. Für mich aber war mein Onkel ein Held. Auch weil er später stets für andere da war. Und sein Leben gut hinbekommen hat.

Mogeln und Faulheit waren nicht meine einzigen Fehler. Treue habe ich meist nur von meinen Partnerinnen verlangt. Wertvolle Menschen habe ich dadurch verletzt. Trauriger Höhepunkt war ein Septembertag in den sechziger Jahren, als ich mich bei zwei italienischen Freundinnen brieflich für die schönen Sommertage bedankte. Leider vertauschte ich die Briefe. Eines der beiden tief verletzten Mädchen lud mich immerhin später noch zu seiner Hochzeit ein.

Was ich mir nie verzeihen werde, ist, dass ich meiner ersten Frau, als sie in wirtschaftliche Schwierigkeiten geriet, nicht geholfen habe. Wir hatten geheiratet, als ich fünfundzwanzig und sie achtzehn Jahre alt war. Es war eine Art Studentenehe, geschlossen in einer ziemlich verzweifelten persönlichen Situation. Ein Jahr später waren wir geschieden. Da ich die emotionalen Turbulenzen und Schmerzen der Trennung nie mehr durchmachen wollte, kappte ich alle Kontakte zu ihr.

Zehn Jahre später, ich war damals bereits im Bundestag, rief sie mich an und bat wegen eines finanziellen Problems um Hilfe. Sie lebte in bescheidenen Verhältnissen und brauchte meine Unterstützung dringend. Weil ich die Distanz zu ihr aufrechterhalten wollte, lehnte ich ab. Ich hätte ihr leicht helfen können, ich habe es nicht getan.

Viele Jahre danach verstarb sie überraschend an Herzversagen. Heute würde ich gerne alles wiedergutmachen. Ich würde am liebsten mit ihr sprechen und sie um Verzeihung bitten. Aber es ist zu spät. Man sollte bei allen harten Entscheidungen, bei allen bösen Worten daran denken, dass es schon morgen zu spät sein könnte, sie zu korrigieren.

★

Zu allen Zeiten haben Menschen versucht, jene Tugenden und Werte durchzusetzen, die ihren Machtinteressen entsprachen, und jene auszuschließen, die ihren Interessen widersprachen. John Stuart Mill nannte das die »Tyrannei, der herrschenden Meinung«.

In Zeiten der Diktatur, der Monarchie oder der Aristokratie, aber auch in Zeiten des ungezügelten Kapitalismus besteht die Gefahr, dass die sanften Tugenden an den Rand gedrängt werden.

In Zeiten der Demokratie oder des Sozialismus ist damit zu rechnen, dass mittelmäßige Führer versuchen, Siegertugenden zur Seite zu schieben. Dies zu erkennen heißt nicht, es zu akzeptieren.

★

Ich trete ein für eine Philosophie der »goldenen Mitte«, für ein Gleichgewicht zwischen sanften Tugenden, Ordnungstugenden und Siegertugenden. Für eine Philosophie, die ein Herz hat für Verlierer, aber auch ein Herz für Sieger. Für Sieger mit großem Herzen.

★

Ein Prototyp dieser Haltung ist für mich Helmut Schmidt. Mich erinnert er in vielem an den »Alten Fritz«, Friedrich den Großen. Glücklicherweise hat er auch einige Untugenden, die er mit seiner Schnoddderigkeit, seiner oft gespielten Arroganz und seiner öffentlichen Qualmerei genussvoll demonstriert. Wolfgang Schäuble, personifizierte Pflichterfüllung, wird ihm immer ähnlicher. Er gibt dem Leben mehr, als das Leben ihm gibt. Er teilt sein Glück, obwohl er keines hat.

Auch der SAP-Mitbegründer Dietmar Hopp ist für mich ein Vorbild. Er hat fast alle seine Träume verwirklicht und doch seine Mitmenschen nie vergessen. Ich habe selten einen großzügigeren Menschen erlebt.

Nur einmal musste er passen. Als Hoffenheim noch irgendwo im Mittelfeld der Fußball-Regionalliga spielte, vereinbarten wir bei zwei Treffen im Beisein prominenter Zeugen wie Hans-Wilhelm Müller-Wohlfahrt, dass Hopp mich im Fall eines Aufstiegs in die Erste Bundesliga – bei einer Zwei-zu-null-Führung – einmal zehn Minuten vor Schluss einwechseln lassen würde.

Wir haben sogar Einzelheiten besprochen. So brauchte ich mich nicht vierzig Minuten lang aufzuwärmen, um nicht schon beim Einwechseln völlig erschöpft zu sein. Ein anwesender Vertreter der Deutschen Fußball-Liga versprach, sich rechtzeitig um den erforderlichen Spielerpass zu kümmern. Aber das konnte aus damaliger Sicht noch viele Jahre dauern. Oder ein ewiger Traum Hopps bleiben.

Doch Hoffenheim stieg überraschend schnell nicht nur in die Zweite, sondern auch in die Erste Bundesliga auf. Vom arabischen Oman aus teilte ich Hopp wenige Minuten nach dem Aufstieg per SMS mit, dass ich sofort mit einem Sondertraining beginnen würde. Ich fragte ihn, wann ich mich im Trainingslager melden dürfe. Er antwortete zwar sofort, aber sehr ausweichend. Seither haben wir beide ein winziges Problem. Hopp schiebt die Schuld immer auf den Trainer. Er könne die Mannschaft schließlich nicht gegen ihn aufstellen.

Natürlich weiß ich das. Immerhin ließ er mich über einen Freund fragen, ob ich auch ein Freundschaftsspiel akzeptieren würde. Ich habe selbstverständlich abgelehnt. Erste Bundesliga ist Erste Bundesliga.

Hopp wurmt das Ganze. Er ist einer, der gerne mehr gibt, als er verspricht. Aber das hat er in seinem Leben schon tausendfach getan. Auch meiner Tochter Nathalie gegenüber, als sie ihre Stiftung gründete. Dietmar Hopp ist ein großer Mensch. Im Grunde war ich mit sechsundsechzig Jahren für die Erste Bundesliga ja auch ein bisschen alt. Schließlich ist Fußball eine todernste Sache.

Obwohl es schon fabelhaft gewesen wäre, wenn mich nach der Einwechslung ein gegnerischer Spieler bei einem Eckball versehentlich angeschossen hätte und der Ball ins Tor geprallt wäre! Träume können so schön sein! Gerade Kinderträume.

*

Gehe auch als Freund der klassischen Werte mutig neue Wege! Man muss unter Einhaltung der Werte, an die man glaubt, Neues, Ungewöhnliches wagen. Im Kleinen wie im Großen!

*

Manchmal habe ich damit Erfolg gehabt, manchmal nicht. Als die USA ihre Kriegsmaschinerie gegen den Irak in Bewegung setzten, habe ich – wie manch anderer – mit bescheidenen Mitteln versucht, in die Räder der Geschichte zu greifen. Ich weiß, diese Versuche waren naiv. Doch ich war überzeugt, dass man alles tun müsse, um diesen Krieg zu verhindern.

Ich telefonierte mit dem Kardinalstaatssekretär des Vatikan. Papst Johannes Paul II. bat ich in einem persönlichen Brief, kurz vor Beginn der US-Invasion demonstrativ zu politischen Gesprächen – mit wem auch immer – nach Bagdad zu reisen. Meine Überlegung war, Bush werde Bagdad nicht bombardieren lassen, solange sich der Papst dort aufhalte. Notfalls hätte er eben als Gast der großen christlichen Gemeinde Bagdads eine Weile vor Ort bleiben müssen.

Johannes Paul II. hatte so leidenschaftlich gegen den Irakkrieg gekämpft. Aber zu dieser Reise, an deren Sinn ich auch heute noch glaube, war er nicht bereit. Er hatte sicher seine Gründe. Päpste sind keine Raketenabwehrsysteme.

Einen weiteren Versuch unternahm ich zusammen mit meinem Freund Hans-Christof Graf von Sponeck. Er war von 1998 bis 2000 Koordinator des humanitären Programms der Vereinten Nationen im Irak. Als er sah, dass das Hilfsprogramm von einigen westlichen Staaten systematisch unterlaufen wurde und täglich Hunderte Kinder durch die Sanktionen starben, trat er aus Protest zurück. Er opferte seine gesamte berufliche Karriere.

Sponeck ist für mich ein Held. Er hatte nicht nur Überzeugungen. Er war auch bereit, für sie einen Preis zu zahlen. Wie sein Vater, der General der deutschen

Wehrmacht war und von Himmler 1944 wegen Befehlsverweigerung hingerichtet wurde.

Sponeck wusste wie ich, dass es gegenüber dem Irak andere Wege gab, berechtigte Forderungen durchzusetzen, als einen Krieg. Er kannte im Irak Politiker, wie den christlichen Vizepremierminister Tariq Aziz, mit denen man vernünftig reden konnte. Mit Aziz wollte er Kontakt aufnehmen. Ich sollte mit Bundeskanzler Schröder sprechen, obwohl ich schon lange nicht mehr im Bundestag war.

Wir begannen, ein »Friedensangebot der irakischen Regierung« zu erarbeiten. Es enthielt unter anderem das Angebot eines Nichtangriffpakts mit den Nachbarstaaten des Irak, Vorschläge zur Verbesserung der Menschenrechtslage, Schutzgarantien für Schiiten und Kurden und uneingeschränkte Kontrollen der irakischen Waffenbestände.

Mit unserem »irakischen Friedensangebot« im Gepäck flog Sponeck mehrfach in den Mittleren Osten. Er diskutierte mit Tariq Aziz insgesamt zwölf Stunden und überzeugte ihn in den zentralen Punkten. Tariq Aziz übernahm es, die Idee Saddam Hussein zu unterbreiten.

Während dieser Gespräche, die sich über Wochen hinzogen, verschärfte sich die militärische Lage jedoch dramatisch. Die USA ließen immer mehr Truppen in den Nachbarstaaten des Irak aufmarschieren, so dass am Ende selbst Tariq Aziz ein detailliertes Friedensangebot – wie wir es vorgeschlagen hatten – nicht mehr als realistisch ansah. Die riesige US-Kriegsmaschinerie wälzte sich unaufhaltsam Richtung Irak.

Parallel dazu war ich zweimal bei Kanzler Schröder.

Er zeigte sich sehr kooperativ. Zu einem der Treffen bat er sogar meine Tochter Nathalie dazu. Sie hatte im Vorzimmer auf mich gewartet.

Schröder erörterte die von mir angesprochene »mögliche irakische Initiative« mit dem französischen Präsidenten Jacques Chirac. Dieser hatte allerdings in der Zwischenzeit pessimistische Signale aus Washington und Bagdad bekommen. Eine diplomatische Lösung wurde von Tag zu Tag chancenloser und wirklichkeitsfremder. Für den Fall, dass es trotzdem zu einem Angebot aus Bagdad kommen sollte, schlug Schröder vor, dieses an den griechischen EU-Ratspräsidenten zu senden. Den hatte er offenbar informiert. Er selbst war bereit, eine sinnvolle Initiative zu unterstützen.

Aber das irakische Friedensangebot kam nicht mehr. Die irakische Führung hatte erkannt, dass der Krieg mit keinem Vorschlag der Welt mehr aufzuhalten war. George W. Bush hatte beschlossen, seinem Vater zu beweisen, dass er, entgegen aller Behauptungen, ein richtiger Kerl war. Er wollte, wie er als Gouverneur von Texas in einem Interview bekannt hatte, seinen Namen in die Geschichtsbücher eintragen. Das schafft man nicht durch Frieden, sondern nur durch Krieg.

Als Journalisten die US-Regierung kurz vor der Invasion fragten, wie sie reagieren werde, wenn Saddam ihr Ultimatum akzeptiere und den Irak innerhalb von achtundvierzig Stunden verlasse, antwortete ihr Sprecher, auch dann werde man selbstverständlich einmarschieren.

Als die ersten Bomben auf Bagdad fielen, fühlte ich mich ohnmächtig, leer und unendlich traurig. Hans-Christof von Sponeck empfand genauso. Nichts hatten wir mit unserer verzweifelten und wohl auch naiven Aktion erreicht – nichts, nichts, nichts. Aber mussten wir diesen Versuch nicht trotzdem wagen?

*

Setze dir wertvolle, nicht nur egoistische und materielle Ziele!

Wirf zum richtigen Zeitpunkt deinen Hut in den Ring! Deine Konkurrenten, mögen sie noch so große Namen tragen, kochen auch nur mit Wasser.

Die Welt liebt kühne Herausforderer.

*

Als die NPD 1968 in Freiburg, wo ich damals wohnte, in der Stadthalle vor dreitausend Menschen eine Wahlkundgebung durchführte, forderte ich zusammen mit anderen jungen Leuten in Sprechchören eine Diskussion. Wir waren etwa dreißig Jugendliche gegen ein bürgerliches Publikum, das in seiner Mehrheit den NPD-Vorsitzenden Adolf von Thadden hören wollte und nicht uns.

Damals gehörte ich keiner Partei an und hatte von Politik keine Ahnung. Ich war kein »68er«, war weder rechts noch links. Ich wollte vorne sein. Mich ärgerte, dass von Thadden für seine Aussage, Deutschland müsse aufhören, Israel so viel Wiedergutmachung zu zahlen, tosenden Beifall bekam. Und dass er dieses Thema in den Mittelpunkt seiner Rede stellte.

Zu unserer Überraschung unterbrach der Versammlungsleiter plötzlich die Veranstaltung und forderte uns auf, ans Mikrofon zu kommen. Da ich besonders laut »Diskussion« gebrüllt hatte und zufällig direkt vorne an der Treppe stand, musste ich als Erster auf die Bühne. Ich hatte noch nie in meinem Leben eine Rede gehalten, nicht einmal bei einem Kindergeburtstag. Aber ich konnte nicht zurück.

Blass um die Nasenspitze ging ich zum Rednerpult. Nie wieder, rief ich, dürfe in Deutschland eine Partei mit Parolen gegen Juden an die Macht kommen. Meine dreißig Mitstreiter klatschten frenetisch. Sie waren die Einzigen. Das Publikum zischte, buhte und pfiff. Trotzdem stolperte ich nach meiner Kurzrede erleichtert von der Bühne. Ich hatte einige Sätze herausbekommen. Und das vor dreitausend Menschen.

Ähnliche Angst hatte ich vor meinem ersten Fallschirmsprung. Beim Blick durch das Kabinenfenster der auf 1500 Meter Höhe gekletterten alten Cessna wurde mir schwindelig. Normalerweise wird mir im Schwimmbad schon auf einem Fünf-Meter-Turm mulmig.

Der Ausbilder klickte das lose Seil meines Schirms in eine Halterung ein. Dann gingen wir in geduckter Haltung zur offenen Flugzeugtür. Tapfer setzte ich mich mit den Beinen nach außen in die Luke. Der Wind schlug mir ins Gesicht und nahm mir den Atem. Mein Herz schlug bis zum Hals. Ungläubig starrte ich in die Tiefe. Wie war ich bloß auf die Idee gekommen, da hinunterzuspringen?

Ich wusste, es gab kein Zurück. »Spring«, schrie ich mich an, »spring!« Dann stieß ich mich ab – und flog und flog. Wie auf einem Kissen, bis sich mit einem kleinen Ruck der Fallschirm öffnete.

Es war ein kurzer, aber herrlicher Flug. Und ich hatte meine Angst besiegt. Danach wusste ich, »du kannst fast alles. Du musst nur springen. Du musst an dich glauben«: »Vincitururus vincero« – zum Siegen bestimmt, werde ich siegen. Der Sieg gehört dem, der an ihn glaubt. Mit diesem Leitspruch hat mein Suldener Nachbar Reinhold Messner alle Achttausender des Himalaya bezwungen.

*

Lass dich nie von einem wertvollen Ziel, deinen großen oder kleinen Träumen abbringen! Viele Dinge finden nur deshalb nicht statt, weil sie nie versucht oder viel zu früh aufgegeben werden.

Man kann die Menschen in zwei Gruppen einteilen: In Menschen, die auf dem Weg zu ihren großen oder kleinen Zielen durchhalten, und Menschen, die aufgeben. Das eine sind Sieger, das andere Verlierer – sich selbst gegenüber.

*

Nach der Bundestagswahl 1980 ließ der damalige CDU/CSU-Fraktionsvorsitzende Kohl mir durch seinen Justitiar Professor Paul Mikat mitteilen, dass ich bei der Wahl der Fraktionssprecher keine Chance mehr hätte. Es sei für mich besser, freiwillig auf eine Kandidatur zu verzichten. Kohl hatte genug von meiner häufigen Kritik.

Seit fast acht Jahren war ich entwicklungspolitischer Sprecher der CDU/CSU und hatte nach meiner Auffassung recht erfolgreich gearbeitet. Trotzdem merkte ich schnell, dass ich nicht wiedergewählt würde. Ganze Landesgruppen hatten bei der Vorbesprechung des »Personaltableaus« vereinbart, gegen mich zu stimmen. Trotzdem kandidierte ich, hielt eine ordentliche Bewerbungsrede und verlor haushoch.

Jahrelang hatte ich jeden Tag mindestens vierzehn Stunden gearbeitet. Jetzt war alles vorbei, ich war wieder bei null. Da die Sitzordnung im Bundestag – mit Ausnahme des Vorstands – alphabetisch war, bedeutete das zweitletzte Reihe. Herbert Wehner soll einmal gesagt haben, die alphabetische Sitzordnung sei der Hauptgrund dafür, »dass im Bundestag die ›Arschlöcher‹ immer ganz vorne sitzen«. Aber das war ein schwacher Trost!

Nach der Fraktionssitzung fuhr ich ins Stadtzentrum von Bonn. Ziellos, leer lief ich durch die Straßen. Irgendwann schlenderte ich durch die Unterführung am Bonner Hauptbahnhof. Als ich an einem obdachlosen Stadtstreicher vorbeikam, rief der zerzauste Wermutbruder fröhlich: »Hallo, junger Mann, warum so traurig? Das Leben ist schön!«

Der Satz traf mich direkt ins Herz. Ich war vierzig, glücklich mit einer wunderbaren Frau verheiratet und als Abgeordneter einer der privilegierten Menschen dieses Landes. Und ich ließ den Kopf wegen einer lächerlichen Niederlage hängen? Das konnte nicht wahr sein. Dankbar legte ich dem Penner zwei Mark in den Hut und ging ins Büro zurück. Es musste einen Weg geben, aus dieser Niederlage herauszukommen.

Nach meiner Abwahl wurde ich »gnadenhalber« Mitglied des vornehmen Auswärtigen Ausschusses. In diesem Ausschuss wurde wenige Monate später die Position des Obmanns und Sprechers für Abrüstung und Rüstungskontrolle frei. Der bisherige Amtsträger war Staatsminister geworden. Ohne große Ankündigung kandidierte ich und wurde gewählt. Kohl hatte einen Augenblick nicht aufgepasst. Dankbar dachte ich an den Penner in der Bonner Bahnhofsunterführung. Man muss auch »kleinen Leuten« gut zuhören.

Kohl ließ mich trotzdem weiter seinen Zorn spüren. Da war er wie ein Elefant. Er stellte sicher, dass ich als einziger Sprecher der Fraktion keinen Assistenten und keine Sprecherzulage bekam. Obwohl meine Aufgabe eine der arbeitsintensivsten und in den Nachrüstungsjahren eine der wichtigsten der Fraktion war. Aber mir war das egal.

⋆

Zum Erreichen deiner Ziele brauchst du einen unbeugsamen Willen und einen langen Atem. Manche Ziele sind erst nach Jahrzehnten zu erreichen. Setze dir Zwischenziele!

Gehe mutig deinen Weg! Weiche nie von dem ab, was du nach sorgfältiger Prüfung als richtig erkannt hast!

Unterwirf dich nicht den großen Irrtümern des Zeitgeistes, auch wenn er noch so mächtig daherkommt!

Ich habe große Zweifel an einigen »Werten« unserer Zeit. An dem schrecklichen Egoismus und Materialismus, der die westliche Welt beherrscht. An unserer Überschätzung äußerer und unserer Unterschätzung innerer Werte. An der Erbarmungslosigkeit und Herzlosigkeit, mit der wir die Träume anderer Völker und anderer Menschen niedertrampeln.

Zukünftige Generationen werden ein vernichtendes Urteil über vieles fällen, was heute herrschende Meinung ist.

⋆

Auch über den absurden Versuch, muslimische Terroristen mit Kriegen auszuschalten. Teilweise sogar mit Waffen, in die Bibelstellen eingestanzt sind. Wir werden unseren Enkeln diesen bösartigen Irrsinn nicht erklären können.

Selbst nach Aussagen der US-Führung operiert Al Qaida seit Jahren nicht mehr von Afghanistan aus. Als Barack Obama am 2. Dezember 2009 in einer Rede darlegte, dass er trotzdem »zur Bekämpfung von Al Qaida« 30 000 zusätzliche Soldaten nach Afghanistan schicken werde, saß ich fassungslos in einem Hotelzimmer in New York. Wie konnte der Mann, dem ich im Sommer 2008 zusammen mit 200 000 Berlinern zugejubelt hatte, einen solchen Unsinn reden?

Es gibt im Leben jedes Menschen eine, manchmal auch mehrere Gelegenheiten, aus der Mittelmäßigkeit herauszutreten. Manche packen sie beim Schopf, manche verpassen sie. Martin Luther ergriff sie mit den Worten: »Hier stehe ich, ich kann nicht anders.« Helmut Kohl hat sie ergriffen, als er die Wiedervereinigung doch noch vollzog. Michail Gorbatschow, als er ihr zustimmte. Nelson Mandela, als er zu Versöhnung statt zu Rache aufrief.

Außenminister Colin Powell hat sie verpasst, als er in der Frage der irakischen Massenvernichtungswaffen die Welt und sich selber betrog. Hätte er, seinem Gewissen folgend, George W. Bush entgegengehalten: »Herr Präsident, dieser Krieg ist illegal«, wäre er für alle Zeiten ein Held. So ist er für immer ein Versager.

Auch Barack Obama hat eine historische Chance vertan. Weil er nicht die Größe hatte, mit dem Vorwurf der Schwäche zu leben. Vielleicht wird er noch einmal eine Chance bekommen. Nach der blutigen Schlussrunde, die die Nato zurzeit in Afghanistan dreht. Doch wie viel Unschuldige müssen bis dahin noch sterben?

Der Krieg in Afghanistan erinnert an Hans Christian Andersens Märchen »Des Kaisers neue Kleider«. Keiner der Höflinge traut sich, dem Kaiser zu sagen, dass er mit seinen »neuen Kleidern« Betrügern aufgesessen ist. Bis ein kleiner Junge ruft: »Aber er hat ja gar nichts an!«

Wo ist der kleine Junge, der den Mächtigen der Welt zuruft, dass sie nicht nur im Irak, sondern auch in Afghanistan in Unterhosen herumlaufen? Dass der Terrorismus, der uns weltweit entgegenschlägt, eine Antwort auf die Brutalität ist, mit der wir Westler seit Jahrhunderten die Träume anderer Völker zerstören. Erst wir Europäer, danach die Amerikaner. Dass es unsere eigene Gewalt ist, die uns weltweit als terroristischer Bumerang entgegenfliegt. Jede Bombe, die wir in Afghanistan abwerfen, landet wieder bei uns. Die Kriege in Afghanistan und im Irak sind Terrorzuchtprogramme.

Um die nicht-afghanischen, arabischen Terroristen in den Bergen des Hindukusch auszuschalten, musste man nicht Kabul bombardieren. Mutige, gezielt eingesetzte Antiterror-Kommandos hätten im Kampf gegen Al Qaida viel mehr erreicht. Wir haben auch in Deutschland nie Städte bombardiert, um die RAF auszuschalten.

Heute wären viele westliche, auch deutsche Politiker froh, wenn sie dem US-Präsidenten niemals »uneingeschränkte Solidarität« geschworen hätten. Wenn sie wüssten, wie sie aus diesem Schlamassel ohne Gesichtsverlust wieder herauskämen. Für den mangelnden Mut, Mehrheiten und Stimmungen entgegenzutreten, muss man später oft einen hohen Preis zahlen.

*

Vergiss nie: Die Wahrheit hat nichts zu tun mit der Zahl derer, die an sie glauben (Paul Claudel). Seneca sagt: Der große Haufen ist der schlechteste Dolmetscher der Wahrheit. Und Sokrates: Ich habe mich von nichts mehr überzeugt, als dass ich meinen Lebensweg nicht nach euren Meinungen richten darf. Kierkegaard sagt es noch drastischer: Die Wahrheit ist immer in der Minderheit.

Wenn du unbeirrbar und konsequent deinen Weg gehst, wirst du oft Spott, Hohn und Schande ertragen müssen. Du wirst manchmal einsam sein und dich nicht wie ein Held fühlen, sondern wie ein lächerlicher Außenseiter, wie ein Don Quichotte.

Nietzsche, der größte Diagnostiker der Krankheiten seines und unseres Zeitalters – leider trat er für die falschen Therapien ein – beschreibt seine Einsamkeit mit den Worten: »Es dauert zehn Jahre schon; kein Laut erreicht mich – ein Land ohne Regen. Man muss viel Menschlichkeit übrig haben, um in der Dürre nicht zu verschmachten.«

*Hab trotzdem keine Angst vor der Einsamkeit, auch wenn sie manchmal schwer zu ertragen ist! Galiani sagt: »Les aigles ne volent point en compagnie. Il faut laisser cela aux perdrix et aux étourneaux.«**

★

Ich war und bin viel allein. Wenn es ganz unerträglich wird, spiele ich Gitarre. Oder schreibe Lieder. Über die Einsamkeit. Oder über den Herbst. Seine

* Adler fliegen nicht in Gesellschaft. Das sollte man den Rebhühnern und Staren überlassen.

Sehnsucht und seine Begegnungen mit dem Frühling. Und alles Unglück verschwindet. Zumindest für ein paar Stunden.

Vor einiger Zeit überredete mich mein Sohn, mit ihm in eine Münchner Discothek zu gehen. Mit viel Charme lotste er mich an den finster blickenden Türstehern vorbei. Ich hörte noch, wie einer von ihnen maulte: »Jetzt kommen sie schon zum Sterben her.« Und ich schaute, dass ich bald wieder nach Hause kam. Herbsttage können kalt sein.

Auf die Dauer ertragen es nur wenige Menschen, mit einem Nonkonformisten zusammenzuleben. Ich weiß, dass ich meine Art zu leben niemandem zumuten kann. Meinen neunundsechzigsten Geburtstag habe ich in New York alleine in einer Billig-Imbissbude gefeiert. Ich hatte nicht einmal einen Sancho Pansa bei mir. Auch keine Gitarre.

Oft denke ich: »Verdammte Einsamkeit!« Aber manchmal auch: »Danke, Einsamkeit! Ich habe viel durch dich gelernt.«

⋆

Erfolg baut immer auf persönlichen Opfern und Verzicht auf. Keiner erreicht seine Lebensziele im Spaziergang. Aber es lohnt sich, mutig, mit Leidenschaft und Liebe seinen eigenen Weg zu gehen.

⋆

Mal fröhlich, mal traurig, bin ich jahrzehntelang gegen den Strom geschwommen. Ich habe viele Schläge einstecken müssen. Aber es hat mir und den Menschen, die an mich geglaubt haben, am Ende immer genutzt.

Mein Fehler war, dass ich stets ohne Visier gekämpft habe, meine Ziele zu offen ausgesprochen und mich auch in Kleinigkeiten gegen die Mehrheit gestellt habe. Weil ich manchmal nicht klug genug war und weil ich das, was ich heute weiß, damals nicht wusste. Und weil es mir egal war.

*

Du musst die Dinge besitzen, nicht die Dinge dich. Seneca sagt: Der Weise liebt die Reichtümer nicht, auch wenn er sie der Armut vorzieht. Er nimmt sie in sein Haus auf, nicht in seine Seele.

Der Beitrag des Reichtums zum persönlichen Glück wird, wenn er nicht als Werkzeug zu Wichtigerem eingesetzt wird, meist überschätzt. Ab einer recht bescheidenen Größe übersteigen seine Anschaffungs- und Erhaltungskosten seinen Nutzen.
Das Glück nimmt ab und nicht zu.

Die Sorge um die Schaffung und Erhaltung ihres Wohlstands hält die Menschen, die ihn als Selbstzweck betrachten, davon ab, sich auf die wirklich wichtigen Dinge des Lebens zu konzentrieren. Was sie außen gewinnen, verlieren sie innen.

Der jahrtausendealte Glaube an den Reichtum als Quelle des Glücks ist der größte Irrglaube der Menschheitsgeschichte.

⋆

Es klingt seltsam, wenn das ein wohlhabender Mensch sagt. Aber manche meiner Sorgen kamen erst mit dem Wohlstand. Er gab mir manches, aber er nahm mir auch viel. Er gab mir einige Bequemlichkeiten. Aber er nahm mir die Zeit für mich und meine Familie, meine innere Ruhe, meine Freiheit und mein Glück. Ich fand plötzlich keine Zeit mehr zu leben. Und er machte die Erziehung und Motivation meiner Kinder schwerer.

⋆

Das »Wertvolle« am Reichtum ist, dass man mit ihm viel Sinnvolles und Gutes tun kann. Nur dann macht er glücklich. Weil man nur dann die Pflichten des Wohlstands erfüllt. Aber genau das tun die Wenigsten.

Reiche Faulpelze sind schlimmer als arme Faulpelze. Weil sie das, was ihnen zu treuen Händen anvertraut wurde, im Grunde veruntreuen. Dir selbst gehört letztlich nur das, was du zu einem erfolgreichen, aber bescheidenen Leben brauchst.

Setze, wenn du wohlhabend bist, deinen ganzen Stolz daran, deinen Besitz durch harte Arbeit und gemeinnütziges Verhalten zu rechtfertigen!

Teile deinen Wohlstand mit denen, denen keiner hilft! Man ist nicht schon sozial, wenn man den Staat auffordert, mehr für Menschen in Not zu tun. Sondern erst, wenn man selbst hilft. Menschlichkeit kann man nicht delegieren.

*

Ich habe lange gebraucht, um diese Dinge zu verstehen. Als Student in München und vor allem in Paris hatte ich in der Regel ab dem Zwanzigsten jeden Monats kaum noch etwas zu essen. Manchmal habe ich vertrocknetes Brot unter den Wasserhahn gehalten und Marmeladenreste darauf geschmiert, um etwas zu beißen zu haben. Wie viele andere Studenten.

Auch als Schüler hatte ich sehr einfach gelebt. Mein Vater war Richter. Er lebte bescheiden und erwartete das Gleiche von seinen drei Kindern. Wir wohnten ab meinem fünfzehnten Lebensjahr in einem Acht-Familien-Reihenhaus in Freiburg.

Mit einundzwanzig bekam ich ein Mansardenzimmer unter dem Dach. Hier gab es noch sieben weitere Mansarden, die meisten bewohnt von Studenten. Gemeinsam hatten wir ein altes, wackliges Klo. Es sah entsprechend aus. In meinen zwei Jahrzehnten als Medienmanager habe ich bewusst jede Woche zwei Tage in dieser armseligen Mansarde übernachtet. Solange mein Vater lebte. Ich wollte nie vergessen, woher ich kam.

Da mich Hubert Burda, ein Schulfreund und äußerst großzügiger, großherziger Mann, am Erfolg seines Unternehmens beteiligte und ich auch außerhalb seiner Firma erfolgreich investierte, wurde ich nach einiger Zeit wohlhabend. Im Jahr 2000 konnte ich meiner Familie ein Grundstück auf Elba kaufen und ein Haus in Südtirol bauen.

Da ich etwas gegen reiche Erben habe – mit Ausnahme jener, die das Unternehmen ihrer Eltern fortführen oder sich gesellschaftlich engagieren –, vereinbarte ich mit meinen Kindern einen Pflichtteilverzicht. Dafür brachte ich die beiden Feriengrundstücke in eine Familienstiftung ein. Meine Kinder können die Häuser zwar nutzen, sie aber nie verkaufen. Sie werden daher auch ihren Nachkommen als Familientreffpunkt dienen.

In Deutschland muss man für derartige Stiftungen nicht nur einmal, sondern alle dreißig Jahre Erbersatzsteuer zahlen. Aus meiner Sicht ist das unsinnig und ungerecht. Aber unser Staat denkt – wie auch seine Verschuldungspolitik zeigt – nicht in Generationen. Daran gehen irgendwann die meisten Familienstiftungen zugrunde. Am Ende übrigens auch unser demokratischer Rechtsstaat. Denn letztlich ist es undemokratisch, kontinuierlich über seine Verhältnisse zu leben und das Bezahlen der Zeche fröhlich den kommenden Generationen zu überlassen. Auch die Französische Revolution begann mit der Überschuldung des Staates. Und nicht nur sie.

Nach langen, fast filmreifen Verhandlungen mit den deutschen Behörden gründete ich daher meine Familienstiftung in Liechtenstein. Ich hätte sie tausendmal lieber in Deutschland, in Freiburg, gegründet. Aber das Regierungspräsidium Freiburg bestand unter anderem darauf, meine »Aphorismen«, die ich der Stiftungssatzung zugrundelegen wollte, umzuschreiben. Da habe ich resigniert aufgegeben.

Anders als die meisten Stiftungsgründer informierte ich jedoch die deutschen Finanzbehörden bis ins letzte Detail über meine Liechtensteiner Pläne. Ich entrichtete eine hohe Schenkungssteuer und zahle seither jedes Jahr in der Stiftung anfallende Ertragssteuern an den deutschen Fiskus. Insgesamt habe ich den deutschen Finanzbehörden für unsere Familienstiftung bisher einen siebenstelligen Betrag überwiesen. Durch schriftliche Anweisung habe ich schon vor Jahren das Liechtensteiner Bankgeheimnis gegenüber den deutschen Finanzbehörden aufgehoben. Das hatte vor mir noch nie jemand getan.

Meine damaligen Auslands-Berater hielten mich für übergeschnappt. »Weniger als ein Prozent denkt so wie Sie«, meinten sie achselzuckend. Wie konnte man so dumm sein, eine Stiftung in Liechtenstein den deutschen Finanzbehörden zu melden! Und auch noch das Bankgeheimnis lüften. Wie gut, dass ich nicht auf sie gehört habe! Insgesamt habe ich ein Drittel meines Vermögens der Familienstiftung übertragen.

Und etwa ein weiteres Drittel habe ich der »Stiftung Sternenstaub«, einer gemeinnützigen deutschen Stiftung, geschenkt, die sich um Kinder in Afghanistan, in Pakistan, im Irak, im Kongo, in Israel und in Palästina kümmert. Sowie um alte einsame Menschen in München.

So betreuen in der bayerischen Landeshauptstadt in unserem Projekt »Ago-Stiftung Jung für Alt« zwanzig Studenten dreißig alte, einsame Menschen. Kompetent und liebenswert beraten von einer großartigen

Mitarbeiterin des Sozialreferats der Stadt. Einsamkeit ist eines der größten Probleme unserer modernen Gesellschaft, die alte Menschen oft wegwirft und vergisst.

Die Studenten erledigen für die Seniorinnen und Senioren Einkäufe, lesen ihnen vor oder hören ihnen zu. Sie bringen ihnen die ersten Maiglöckchen, die ersten Erdbeeren, Kirschen, heimischen Trauben und Walnüsse und lassen sie durch Ostergeschenke, Adventskränze, einen Weihnachtsbaum oder Neujahrskrapfen wieder an den Jahreszeiten, am Leben teilnehmen.

Für diese kleinen Geschenke habe ich der Stiftung meine Abgeordnetenpension übertragen. Den Studenten bezahlt die Stiftung ein kleines Gehalt. Es reicht für die Studiengebühren und ein Taschengeld.

Im Irak finanziert unser Projekt »Wir sind die Welt« Arm- und Beinprothesen für Kinder, die der Krieg verstümmelt hat. Siebzehn irakische Kinder laufen inzwischen mit unseren Prothesen herum. In Afghanistan bauen wir zur Zeit ein Heim für afghanische Mädchen und Jungen, die durch westliche Waffen zu Waisen wurden. Sie sollen eine gute Schulausbildung bekommen. Auch das Honorar, das ich für dieses Buch erhalte, wird für die Ausbildung dieser Kinder eingesetzt.

Ein verbleibendes Drittel meines Vermögens geht an eine gemeinnützige Stiftung, die sich unter der Leitung meiner Tochter Nathalie um MS-Kranke in Not kümmert. Nathalie, die selbst an MS erkrankt ist, hatte mich um diese Stiftung gebeten. Sie hat hierfür auf ihr heiß ersehntes Studium verzichtet. Obwohl sie sich beim Abitur, schon schwer erkrankt, eine Eins erkämpft hatte.

Nathalie hat als Leiterin der Stiftung nur ein kleines Gehalt. Ihr Engagement ist auch für mich bewegend. Selbst wenn sie im Krankenhaus liegt – was leider immer wieder vorkommt –, gilt ihre Hauptsorge ihren MS-Kranken. Deren Not ist oft kaum beschreibbar. So bezahlen viele Versicherungen elektrische Rollstühle nicht einmal dann, wenn die MS-Kranken keine Kraft mehr haben, einen manuellen Rollstuhl zu bedienen. Arm sein ist nicht schlimm. Aber arm und schwerkrank zu sein, ist in Deutschland noch immer eine Katastrophe.

Ende dieses Jahres werde ich persönlich noch über etwa fünf Prozent meines Vermögens verfügen. Um handlungsfähig zu bleiben.

All das klingt großzügig, ist es aber nicht einmal im Ansatz. Mir geht es auch nach dem Verschenken des größten Teils meines Besitzes materiell gut. Das Leben, das Schicksal, Gott haben mir – bildlich gesprochen – mehrere Schnitzel auf den Teller gelegt. Ich wusste immer, dass mir nicht alle gehören. Darüber brauche ich nicht lange nachzudenken. Ich habe daher die meisten dieser Schnitzel weitergeschenkt – an Menschen, die weniger besitzen als ich. Das ist alles.

Vielleicht hatte ich tief in meinem Innern auch ein bisschen Angst vor dem Neid der Götter, den Schiller im Ring des Polykrates so eindringlich beschrieben hat. Zuviel persönlicher Wohlstand und Luxus ist nicht gut!

Das alles kann ohnehin nur ein Anfang sein. »Sein Glück zu teilen«, verlangt mehr. Dazu muss man nicht nur seinen Geldbeutel, sondern auch sein Herz öffnen. Da habe ich noch viel zu lernen.

⋆

Vergiss nicht, dass du alle materiellen Güter dieser Welt wieder verlieren kannst! Das Einzige, was dir niemand nehmen kann, sind deine immateriellen Güter, deine Tugenden und deine Taten. Sie sind dein wahrer Reichtum. Nur von ihnen hängt dein Glück ab.

Das ist das Schöne an dieser Welt: Dass man wenig braucht, um glücklich zu sein. Mach dir diesen zentralen Gedanken der Stoa bis in alle Konsequenzen klar, um dich gegen Schicksalsschläge zu wappnen und das Glück nicht am falschen Ort zu suchen!

⋆

Ich habe das Glück fünfzig Jahre lang am falschen Ort gesucht. Ich habe es gesucht im süßen Leben, das ich als Jugendlicher trotz leerer Taschen reichlich genossen habe. Im Ruhm, der sich allerdings nur kurz für mich interessierte. Und im Wohlstand, um den ich hart kämpfen musste. In all diesen Dingen habe ich es nicht gefunden. Heute weiß ich, dass man das wahre Glück nicht in materiellen Dingen, nicht in Äußerlichkeiten suchen darf. Sondern nur in sich selbst.

⋆

Das wahre Glück wirst du finden, wenn du mehr gibst, als du nimmst.

Wenn du deinen Träumen und Idealen treu bleibst!

Und wenn du bei all dem nicht vergisst, die kleinen Freuden des Lebens zu genießen.

★

Vielleicht ist das der Grund, warum ich auf meinen Reisen nach Asien, Lateinamerika, Afrika und in die arabischen Länder viel mehr glückliche Menschen gefunden habe als bei uns im Westen. Könnte es sein, dass wir uns im Westen bei der Glückssuche auf einem Irrweg befinden?

Auch ich habe hier große Fehler gemacht. Ab meinem zweiundzwanzigsten Lebensjahr habe ich mich endlich, dann aber viel zu sehr in die Arbeit gestürzt. In meiner Arbeitswut habe ich versäumt, den Menschen, die bereit waren, meine Wege mitzugehen, die Aufmerksamkeit und Liebe zu schenken, die sie brauchten. Irgendwann habe ich alle verloren. Es wurde schwer, mit mir zu leben – selbst für mich.

Die kleinen Freuden des Lebens habe ich viel zu lange missachtet. Heute passiert mir das nicht mehr. Mein wichtigster privater Termin ist inzwischen der Samstagnachmittag. Da spiele ich, wenn ich in Deutschland bin, bei jedem Wetter im Englischen Garten in München Fußball. Mit deutschen, kurdischen, türkischen, italienischen, iranischen, palästinensischen, ungarischen und griechischen Freunden aller Glaubensrichtungen.

Trotz mehrerer Rippenbrüche, Bänderrisse und blauer Augen, die mir das in den letzten fünfzehn Jahren eingebracht hat. Selbst wichtige Auslandsreisen versuche ich so zu legen, dass ich erst Samstagabend losfliege und am Samstagmittag wieder da bin.

★

Einen zentralen Beitrag zum Glück leistet die Gesundheit. Für deine Gesundheit solltest du viel tun!

Aber du solltest nie vergessen, dass du sie – ähnlich wie Ruhm, Reichtum oder einen geliebten Menschen – von heute auf morgen verlieren kannst.

★

Meine Tochter Nathalie hat das mit neunzehn Jahren bitter erfahren müssen. Wenige Wochen vor ihrem Abitur brach sie auf dem Flughafen von Mailand zusammen. Dort hatte sie sich an der Bocconi-Universität einschreiben wollen. Stattdessen landete sie auf dem Flur eines Mailänder Krankenhauses und erfuhr, dass sie unheilbar krank ist.

Das Schicksal schlägt oft unvermittelt und hart zu. Nathalie hat es ohne jede Vorwarnung, wie ein Blitz aus heiterem Himmel, zu Boden geschlagen. Und die ganze Familie gleich mit.

★

Lerne von den Stoikern, im Herzen ruhig und gelassen zu sein! Epiktet sagt: »Es ist stets nur für kurze Zeit, dass sich das Schicksal auf den Weisen stürzt.«

Leide nicht doppelt! Wenn man dein Haus zerstört oder dir etwas wegnimmt, hast du bereits einen – materiellen – Schaden. Vergrößere ihn nicht dadurch, dass du lange leidest und dir zusätzlich einen immateriellen Schaden zufügst!

Schau dir die Dinge aus der Vogelperspektive an. Lies ein Buch über die Entstehung des Kosmos. Wenn man unser Universum auf die Größe der Erde zusammenpressen könnte, wäre unser Planet kleiner als ein Sandkorn.
Unser Leben dauert, mit der kosmischen Elle gemessen, nicht einmal die Zeit des Aufleuchtens einer Sternschnuppe.

Sei auch im Unglück stark! Die Größe eines Menschen zeigt sich in seinen dunklen Stunden.

Gib nie auf! Lerne Niederlagen, Armut und Krankheit zu ertragen, so schwer das manchmal ist! Schläge und Dreck ins Gesicht zu kriegen, gehört zum Leben.
Du bist nie verloren. Es gibt immer einen Ausweg aus dem Dunkel.

⋆

Ich habe – nach eigenen Fehlern, aber auch nach Schicksalsschlägen wie Nathalies Zusammenbruch – in manchen Nächten bis zum Morgengrauen senkrecht im Bett gesessen und gedacht, es gehe nicht mehr weiter. Es geht weiter. Du darfst nur nicht aufgeben! Du musst durch viele dunkle Täler gehen, um dein Ziel zu erreichen.

Wie ich das Nathalie und anderen schwerkranken Menschen erklären soll, weiß ich allerdings auch nicht.

*

Das Leben ist ein kurzes und dennoch großes Geschenk der Schöpfung. Eine Chance. Vielleicht ist dieses kurze »Seindürfen«, diese Chance, leben zu dürfen, der eigentliche Sinn des Lebens.

Lebe jeden Tag wie ein ganzes Leben! (Seneca) Verschlafe dein Leben nicht! Eines Tages ist es vorbei, und du hast nie gelebt.

Sei zu außerordentlichen Anstrengungen und Leistungen bereit, wenn du ein außerordentliches Leben führen willst! Wenn du an die Spitze willst, musst du mehr tun und härter an dir arbeiten als die anderen. Der Weg nach oben ist immer beschwerlicher als der Weg nach unten. Aber er ist viel schöner. Jeder Bergsteiger wird dir das bestätigen. Leistung ist schön. (Paul-Bernhard Kallen)

Nutze die ersten dreißig Jahre deines Lebens als Investitionsphase! Du musst dich entscheiden, ob du das Leben zwischen fünfzehn und dreißig genießen willst oder zwischen dreißig und neunzig.

⋆

Alle meine Freunde, die ihre Jugend grenzenlos ausgekostet haben, sind gescheitert. Ich kenne keinen erfolgreichen Handwerker, Manager, Künstler, Wissenschaftler, Ingenieur oder Politiker, der die Jahre zwischen zwanzig und dreißig mit Nichtstun und Gammeln verbracht hätte. Wer im Frühjahr nicht sät, wird nie ernten.

⋆

Such dir Verbündete!

Wie macht man sich Menschen zu Verbündeten? Die Antwort klingt paradox: Du musst den Menschen zeigen, dass du sie gut findest, und sie werden dich gut finden.

Du musst sie achten, und sie werden dich achten. Du musst sie lieben, und sie werden dich lieben.

Die Welt behandelt dich so, wie du sie behandelst. Auch weil sie, wie schon Schopenhauer erkannte, nur Sekunden über dich nachdenkt.

⋆

Viel zu selten habe ich Verbündete zur Durchsetzung meiner Ideen gesucht. Das war einer der größten Fehler meines Lebens. Man sollte nie ohne Truppen in die Schlacht ziehen.

*

Der erfolgreichste Satz aller Zeiten heißt nicht: »Ich finde mich gut«, sondern: »Ich finde dich gut.«

*

Warum habe ich das bloß so spät kapiert? Wie die meisten meiner Freunde plusterte ich mich als Jugendlicher stets auf, wenn ich Mädchen gefallen wollte. Ich dachte, ich müsste ihnen beweisen, was für ein toller Kerl ich war. Nie wäre ich auf die Idee gekommen, dass es klüger gewesen wäre, ihnen zu zeigen, wie großartig sie waren.

Als Zweiundzwanzigjähriger bemühte ich mich beim Skifahren in Sestriere intensiv um eine junge Italienerin. Sie war unbeschreiblich hübsch. Paul Hanny hätte sie eine »Welthenne« genannt. Dieses Kompliment vergab er pro Jahrzehnt einmal.

Aber irgendetwas machte ich falsch. Ihr fünfzigjähriger Vater, Marchese di Catanzaro war, ein großer, leicht buckliger Italiener mit Aristokratenkopf und viel Charme. Er mochte mich gut leiden, obwohl er wusste, dass ich nur ein mittelloser Student war, der nachts auf dem Dachboden des billigsten Hotels von Sestriere übernachtete.

Eines Tages nahm er mich zur Seite und schmunzelte: »Du hast bei jedem Mädchen fünfzehn Minuten Vorsprung vor mir. Danach hast du keine Chance mehr. Du musst den Frauen das Gefühl geben, dass sie das wunderbarste Wesen der Welt sind, und nicht du. Casanova war noch hässlicher als ich, und er hat alle Frauen bekommen, die er begehrte.« Ich habe seine Tochter nie erobert.

Im Geschäftsleben gelten die gleichen Grundsätze. Glücklicherweise habe ich wenigstens das rechtzeitig gelernt.

★

Lies große Bücher! Sie enthalten die Lebenserfahrungen großer Menschen. Lies die wichtigsten antiken Philosophen! Mache sie dir zu Weggefährten! Ihre Freundschaft kann dir niemand nehmen. In Fragen der Lebensweisheit war die Antike weiter als unsere Zeit.

★

Wenn ich, vor allem während meiner Zeit als Abgeordneter, Schläge einstecken musste, las ich die großen Stoiker Marc Aurel, Seneca oder Epiktet. Um mich zu motivieren, las ich Nietzsche, dessen machtvolle Sprache mir trotz mancher Übertreibungen immer wieder Kraft gab. Ich las jedes dieser kleinen »Kröner«-Bändchen mindestens zehnmal. Sie waren am Ende total zerfleddert. Sie waren meine großen Freunde. Vor allem in Zeiten, in denen ich sonst niemanden hatte.

★

Schaffe dir eine Zufluchtsstätte, ein eigenes Zimmer, eine eigene Wohnung, ein eigenes Haus, eine Hütte, einen eigenen Garten – auch wenn sie noch so bescheiden sind.

In schweren Zeiten sind sie eine Heimat, in der du Kraft tanken kannst.

Ziehe dich von Zeit zu Zeit zurück! Besinne dich immer wieder!

★

Früher träumte ich davon, eines Tages meine Mansarde in Freiburg zu kaufen und dort den Rest meines Lebens zu verbringen. Bis der Wohlstand kam und mit ihm die Idee, Familientreffpunkte auf Elba und in Südtirol zu bauen. Vor allem für spätere Generationen, die diese Häuser vielleicht mehr brauchen würden als ich. Keines dieser Anwesen hat für mich jedoch den Zauber meiner Mansarde erlangt, in der ich über vierzig Jahre lang immer wieder gewohnt habe. Hier hatte ich die schönsten und wichtigsten Erlebnisse meines Lebens.

Hier hörte ich vor meinen drei Staats- und Universitätsexamen Mozart, Beethoven und Wagner, um Kraft und Mut für die mündlichen Prüfungen zu schöpfen. Das hat so gut funktioniert, dass jedes Examen etwas besser ausfiel. Erst ein bescheidenes »voll ausreichend«. Dann »voll befriedigend«, damit war ich schon 26. unter 252 baden-württembergischen Assessoren.

Und schließlich bei meiner Promotion »magna cum laude«. Das machte mich so glücklich, dass ich anschließend im schwarzen Anzug mit Silberkrawatte ins

Freiburger Faulerbad radelte und mit meiner ganzen Pracht samt Fahrrad fröhlich im Wasser versank.

Natürlich wurde ich vom Bademeister für zwei Wochen vom Schwimmbadbesuch ausgeschlossen. Aber in Freiburg gibt es so viele Bäder. Und was für ein herrliches Gefühl, nie mehr für eine Prüfung pauken zu müssen! Ich wusste damals nicht, dass das Leben eine einzige Prüfung ist.

⋆

Sei im Kampf mit deinen Konkurrenten hart, aber fair! Lerne, wie ein fairer Sportler, hart um den Sieg zu ringen und deine Konkurrenten trotzdem als Menschen zu achten!

Sei im Kampf der Meinungen kämpferisch und trotzdem tolerant – auch in der Politik! Sei hart und engagiert in der Sache, aber ohne Hass und Fanatismus gegenüber den Menschen, die eine andere Meinung vertreten als du! Ich nenne das »kämpferische Toleranz«.

⋆

Ich habe lange gebraucht, um diese »kämpferische Toleranz« zu erlernen. Zu den Dingen, die ich heute anders machen würde als früher, gehören meine harten persönlichen Attacken auf politische Gegner in meinen jungen Politikerjahren. Die Tatsache, dass auch die SPD kräftig auf mir herumprügelte, ändert daran nichts. Meine Angriffe auf Erhard Eppler, Marie Schlei und Egon Bahr waren zu persönlich. Alle drei sozialdemokratischen Entwicklungsminister sind irgendwann resigniert zurückgetreten oder von ihren Parteifreunden zum Rücktritt gezwungen worden.

Bei dem einen oder anderen konnte ich später manche zu harte Formulierung zurückholen. Wie bei Egon Bahr. Ohne viel Worte. Ich zeigte ihm einfach den Respekt, den er verdient. Trotz all seiner Schlitzohrigkeiten. Man sollte auch politisch Andersdenkende immer so behandeln, wie man selbst behandelt werden möchte.

Allerdings waren die Konflikte zwischen den politischen Parteien damals tiefgreifender als heute. Vor allem während der »Ostverträge« herrschte ein fast unerbittliches Freund-Feind-Verhältnis. Die CDU verdächtigte die SPD des Landesverrats, die SPD warf der CDU Kriegstreiberei vor.

In dieser Zeit lernte ich eines Abends in einer kleinen Bonner Wohnung den späteren Literatur-Nobelpreisträger Heinrich Böll kennen. Wolfgang Bergsdorf, wie ich Mitarbeiter der Bundesgeschäftsstelle der CDU, hatte ihn eingeladen. Wir wollten im Kreis von Freunden über die deutsche Ostpolitik sprechen. Wir diskutierten bis drei Uhr morgens.

Böll, ein sensibler, fast schüchterner Mann mit lichtem Haar, zerfurchtem Gesicht und wunderbar melodischer Stimme, war großer Anhänger der Ostpolitik Willy Brandts. Die hatte Deutschland in zwei, durch einen tiefen Graben getrennte, feindselige Lager gespalten. Ich bat Böll mitzuhelfen, diesen Graben zuzuschütten. Wir Deutsche hätten leider – anders als die Franzosen oder Engländer – keine Streitkultur.

Wir sähen im Andersdenkenden immer gleich den Feind. Wie man sieht, war mir in der Theorie alles klar.

Heinrich Böll sah mich mit seinen sanften Augen lange an. Dann sagte er mit unerwartet harter, entschlossener Stimme: »Ich denke nicht daran, Gräben zuzuschütten.« Auch er sah in der CDU nicht mehr den Andersdenkenden, sondern den Gegner. Die CDU und ich waren kein bisschen besser. Die ideologische Temperatur des Kalten Krieges lag tief unter Null.

⋆

Die größten Katastrophen der Menschheit
sind durch Intoleranz entstanden –
und durch Gleichgültigkeit gegenüber
der Intoleranz. Kämpferische Toleranz ist
die goldene Mitte zwischen Fanatismus und
Gleichgültigkeit.

Jede Toleranz gegenüber der Meinung
anderer endet dort, wo eindeutig die Pflicht
zum Widerstand beginnt, wie zum Beispiel
gegen die menschenverachtenden Ideen des
Nationalsozialismus oder des Kommunis-
mus sowjetischer Prägung.

Dem eklatanten, menschenverachtenden
Unrecht und der aggressiven Intoleranz
musst du mutig entgegentreten –
gleichgültig, ob sie von links, von rechts
oder aus der Mitte kommen. Angriffskriege

der Nato sind nicht besser als sowjetische Angriffskriege.

★

Die schwierige Frage, die sich nach dem von Deutschen verschuldeten Massaker im Norden Afghanistans stellt, lautet: Ab wie viel in brennende Fackeln verwandelte Zivilisten beginnt die Pflicht zum Widerstand?

Über hundert afghanische Zivilisten waren in Kunduz auf deutschen Befehl zu Asche gebombt worden. Darunter sechsunddreißig Kinder zwischen fünf und sechzehn Jahren – eine ganze Schulklasse. Ab wann müssen wir uns gegen diesen Wahnsinn wehren?

Diese Frage stellt sich vor allem vor dem Hintergrund des Versagens aller staatlichen Institutionen. Die staatstragenden Parteien Deutschlands gehen in ihren Untersuchungsausschüssen lediglich Informationspannen nach. Die sonst so souveräne Bundesanwaltschaft stellt derartige Verfahren nach bemerkenswerter »Auswahl« der Fakten fast immer ein. Das Bundesverfassungsgericht weicht einer Entscheidung listenreich und systematisch aus. Und der Internationale Strafgerichtshof stellt kategorisch nur Regierungschefs kleiner Länder vor Gericht, während er die Staatschefs großer Länder ungestraft Zivilisten foltern, töten oder zu Krüppeln bomben lässt.

Wie kommt es zu dieser Parodie der Rechtsstaatlichkeit? Könnte es sein, dass unsere Machteliten nur gegen Schwache »mutig« sind, gegen Starke aber Hasenfüße? Dass sie Macht mit Recht verwechseln? Vielleicht weil sie noch nie mit einem der Opfer des Afghanistankriegs und des Irakkriegs gesprochen haben? Weil sie immer nur Kasernen und Staatspaläste besuchen?

Gibt es in Afghanistan keinen einzigen deutschen Soldaten, der offen sagt, was er denkt? Und danach handelt? Wie jener tapfere Major Florian Pfaff, der 2003 während des Irakkriegs die Ausführung von Befehlen verweigerte, weil sie den völkerrechtswidrigen Krieg der USA indirekt unterstützten? Das Bundesverwaltungsgericht hat ihm 2003 ausdrücklich Recht gegeben. Ist der Krieg in Afghanistan inzwischen nicht genauso völkerrechtswidrig wie der Irakkrieg?

Warum werden wir Deutsche – mit ganz wenigen Ausnahmen – immer erst dann »Widerstandskämpfer«, wenn die Gefahr schon Jahrzehnte vorbei ist? Verspäteter Mut ist der opportunistische Bruder der Feigheit.

*

Erfülle dir und anderen nicht alle Wünsche! Die volle Befriedigung der Bedürfnisse an Nahrung, Besitz oder Liebe führt nicht zu einem Mehr, sondern zu einem Weniger an Glück. Die prickelnde Spannung geht verloren. Es entsteht Lustlosigkeit. Der Wunsch ist immer schöner als die Wirklichkeit.

Der Mensch hat sich seit Jahrtausenden immer dann am besten gefühlt, wenn er auf dem Weg zu einem erreichbaren Ziel war, nicht, wenn er es erreicht hatte.

Die Menschen im Westen Deutschlands waren am glücklichsten in der Aufbauphase nach dem Krieg, als sie nichts hatten außer einem großen Ziel und am unzufriedensten, als sie alles, aber kein Ziel mehr hatten.

*

Meine größten Glücksgefühle hatte ich in meiner Jugend bei ganz einfachen Dingen: Beim ersten Butterbrot mit Honig, das mir eine Bäuerin nach dem Krieg in Renchen schmierte. Noch heute erinnere ich mich an seinen Geschmack. Während ich dies niederschreibe, schleicht er sich heimlich in meinen Mund, und ich genieße ihn.

Beim ersten Lederfußball, den mir mein Vater zum zehnten Geburtstag schenkte. Obwohl es an jenem Tag in Strömen goss, sind wir raus in den Hof und haben über eine Stunde lang im Matsch Fußball gespielt. Ich erinnere mich an dieses Spiel auch deshalb so genau, weil der Ball gegen Ende des Spiels über eine Mauer auf ein tiefer gelegenes, verwildertes Grundstück fiel. Erst nach langem Suchen konnte ich den Ball in dem sumpfigen Gelände finden.

Als ich freudestrahlend wieder auftauchte, erstarrte mein Vater fast zur Salzsäule. Denn ich hatte nicht nur den Ball wiedergefunden, sondern auch noch eine kleine, verrostete Fliegerbombe, die ich ihm stolz vor die Füße legte. Das Fußballspiel war damit leider beendet. Das anschließende Tischgebet meines Vaters dauerte sehr lange.

Nie vergessen werde ich das erste gebrauchte Kreidler-Moped, das ich mir nach harten Wochen als Bauhilfsarbeiter kaufte. Was für ein herrliches Gefühl, auf diesem beim Gasgeben wild vibrierenden Fahrzeug zu sitzen, das nun mir gehörte. Mir!

Wie hatte ich schuften müssen, um das kleine Ding zu bekommen. Drei Wochen lang hatte ich, wie jedes Jahr in den Sommerferien, ab morgens sieben Uhr auf dem Bau gearbeitet. Zehn Stunden lang, sechs Tage in der Woche.

Natürlich musste ich als Jüngster die Drecksarbeit machen. Rostige Nägel aus alten Brettern herausziehen. In brütender Hitze so lange Teer auf Betondecken auftragen, bis mein Gesicht und meine Augen so brannten, dass ich nichts mehr sah und bitten musste, wieder eine Stunde lang rostige Nägel ausreißen zu dürfen. Selbstverständlich musste ich das Vesper holen. Frische Brötchen, Fleischwurst und Bier. Wehe, ich brachte etwas Falsches mit! Pro Stunde gab es 2,41 Mark.

Schließlich hatte ich das Geld für mein Moped zusammen. Stolz marschierte ich zur Lohnbuchhaltung und bekam 450 Mark auf die Hand. Vier druckfrische Hundertmark-Scheine und einen funkelnagelneuen Fünfziger. Ich war unbeschreiblich stolz, obwohl die Arbeit eine Schinderei gewesen war.

Eigentlich hatte ich zusätzlich noch einen weiteren Job annehmen wollen, um mir ein Moped mit mehr PS leisten zu können. Ich wollte daher vor der Arbeit auf dem Bau um fünf Uhr morgens Zeitungen austragen. Aber mein Vater, damals Oberlandesgerichtsrat in Freiburg, teilte mir kurz vor Beginn meiner Karriere als Zeitungsausträger mit, er habe mich bei dem Verlag wieder abgemeldet. Als ich wütend protestieren wollte, fragte er mich kühl, wie oft ich es in meinem bisherigen Leben geschafft hätte, vor fünf Uhr aus den Federn zu kommen.

Die tiefere Wahrheit war, dass mein Vater keine Lust hatte, jeden zweiten Tag als Ersatz-Zeitungsausträger durch Freiburgs Straßen zu eilen, weil ich nicht aus dem Bett kam. Die Freude wollte er seinen Kollegen am Oberlandesgericht nicht machen.

Alles, was ich heute kaufe, besitze und auch wieder verliere, wird nie die Bedeutung haben, die diese kleinen Dinge damals für mich hatten. Kinder wohlhabender Eltern kennen diese Glücksgefühle nicht. Meinem Sohn, einem großen Fußballfan, schenkte ich zu seinem zehnten Geburtstag einen Bundesligaball mit den persönlichen Unterschriften der Weltmeister Beckenbauer, Müller, Hoeneß, Breitner, Maier. Nach drei Tagen lag der Ball vergessen unter einem Busch im Garten. Ich hätte so ein Geschenk mit ins Bett genommen. Frédéric hatte nicht das Glück, einmal arm gewesen zu sein!

⋆

Lebe natürlich!

Achte nicht nur auf deinen Geist, sondern auch auf deinen Körper! Trainiere ihn hart!

⋆

Auch heute noch treibe ich jeden Tag mindestens anderthalb Stunden Sport. Meine geliebte Zeitung lese ich auf meinem »Hometrainer«, einem bequemen Standfahrrad. Egon Bahr sagte nach einer Diskussion im Zweiten Deutschen Fernsehen 2009 weise lächelnd, diese Idee sei für ihn die interessanteste Anregung des ganzen Abends gewesen.

*

Tue viel für dich, aber noch mehr für andere! Finde ein Gleichgewicht zwischen berechtigtem Egoismus und notwendigem Altruismus. Zwischen den Rechten, die du für dich in Anspruch nimmst, und den Pflichten anderen gegenüber.

*

Wenn wir das alle tun, jeder in seinem kleinen Kreis, schaffen wir eine neue Welt. Wir sollten es einfach immer wieder versuchen. Es macht viel Freude, anderen zu helfen.

Am beeindruckendsten finde ich Menschen, die selbst wenig haben und trotzdem anderen helfen. Die ihr Glück teilen, obwohl sie selbst wenig haben. Die in Krankenhäusern die Hand sterbender Menschen halten. Die einmal in der Woche in der »Arche« Kinder aus Immigrantenfamilien bei den Schulaufgaben unterstützen.

Oder Kranke, die, wie Nathalie, versuchen, anderen Kranken zu helfen. Das ist tausendmal mehr, als, wie ich, von seinem materiellen Überfluss etwas abzugeben.

*

Freiheit ist ein hoher Wert, für den ich mich immer eingesetzt habe. Vor allem in Politik und Wirtschaft. Aber sie ist für sich allein noch keine Tugend. Sie ist eine große Chance mit großen Pflichten. Vor allem der Pflicht der Menschlichkeit.

⋆

Der freie Westen fühlt sich den »unterentwickelten Ländern« der Dritten Welt haushoch überlegen. In Sachen Menschlichkeit ist er es nicht. Wir haben zwar die größere Dynamik. Aber sie haben das größere Herz. Die Menschen, die ich in den arabischen Ländern, in Afrika oder Asien getroffen habe, schicken ihre Eltern nicht in Altersheime und ihre Behinderten nicht in Behindertenheime. Sie behalten sie in ihrer Familie und schenken ihnen ihre Liebe.

Wenn ich an Menschlichkeit denke, sehe ich vor mir das Bild eines kleinen vietnamesischen Dorfes mit malerischen, ärmlichen Holzhütten, das ich 2005 besuchte. Auf der matschigen Straße spielten die Kinder, im Haus arbeiteten die Eltern und oben unter dem Dach auf einem kleinen Balkon saß wie eine Statue, fast majestätisch, der uralte hagere Großvater und blickte in Gedanken versunken auf die Straße. Gelegentlich schickte eines der Kinder ein kleines Lächeln zu seinem geliebten Großvater nach oben. Alte Menschen werden hier nicht ausgespuckt.

Oder ich denke an Bali. An den blechtrommelnden Vogelverscheucher, der täglich acht Stunden mit einem Kuchenblech und einem kleinen Stock die Felder seines Bruders hütete. An den Entenflüsterer, der seine watschelnde Entenschar mit bunten Stoffwimpeln und leisem Zureden zum Füttern und Reinigen durch abgeerntete Reisfelder steuerte. An die Meeralgenpflanzer, die jeden Nachmittag Unmengen dunkelgrüner Algen aus dem Meer und ins Meer schleppten und mich nassgeschwitzt und keuchend fragten, ob sie mir irgendwie helfen könnten.

Oder ich erinnere mich an jenen flimmernden Sommerabend im indischen Rishikesh, der heiligen Stadt der Hindus. Ein Pilger schenkte mir einen winzigen Blumenkorb. »Zünde die kleine Kerze in dem Körbchen an und setze es auf den Ganges! Das Licht ist das Göttliche in dir. Es verbindet sich im Ganges mit der göttlichen Unendlichkeit des Universums.« Ehrfürchtig tat ich, wie mir geheißen. Und die erdigen Fluten trugen mein schwankendes, flackerndes Lichtlein davon. Es war wie in einem Traum.

Alle diese Menschen haben mir mit ihrer Herzlichkeit viel Freude und Glück geschenkt. Ost und West, Orient und Okzident könnten so viel voneinander lernen. Sie von unserer Dynamik, wir von ihrer Herzlichkeit.

*

Die Welt ist so leicht zu verbessern. Die Welt, das sind wir, du und ich. Wir sollten bei uns anfangen.

Indem wir unseren Nächsten lieben (Idealforderung). Oder ihn wenigstens respektieren (Minimalforderung). Oder indem wir unser Glück teilen. Das ist etwas mehr als Respekt und etwas weniger als bedingungslose Nächstenliebe.

Jeder kann das – und dadurch die Welt verändern. Oft genügt es, durch ein Lächeln das kleine Licht zu teilen, das jeder in sich trägt.

Antworte selbst auf Unfreundlichkeit mit Freundlichkeit und Güte! Das war eines der Geheimnisse von Jesus, Sokrates, Buddha und Konfuzius.

Erfülle auch deine Pflichten mit einem Lächeln im Gesicht und im Herzen! Grimmige Pflichterfüllung ist ein Verstoß gegen die Pflicht, dir und deinen Mitmenschen Freude zu bereiten. Ich plädiere für eine Ethik der Lebensfreude, nicht für eine Sauertopfmoral.

⋆

Die meisten Menschen telefonieren viel lieber mit meiner Assistentin Veronika Geiger als mit mir. Weil sie immer lacht. Auch dann, wenn es ihr nicht gut geht.

Früher, in meinen ersten Abgeordnetenjahren, war mein Lächeln mein Erfolgsgeheimnis. Es fiel mir leicht, weil ich Menschen mag. Ich lächelte sie an, und sie lächelten zurück. Auch in Gegenden, die traditionell SPD wählten und der CDU herzliche Abneigung entgegenbrachten.

Wie zum Beispiel im Landkreis Kusel bei Kaiserslautern. Ich ging gerne auf die kleinen und großen Feste dieses kargen Landstrichs. Einmal im Jahr findet dort, wie überall in Rheinland-Pfalz, die Kerwe statt, ein riesiger Jahrmarkt, ein kleines Oktoberfest. Ich musste dorthin, es war die Hochburg der SPD, die Höhle des Löwen. Hier leben prächtige Menschen.

Sonntagmorgens um zehn Uhr zog ich mit einigen Freunden in das Hauptbierzelt Kusels ein. Dort saßen bereits fünfhundert Menschen. »Einziehen« ist ein großes Wort, denn niemand erkannte mich. Auf der Bühne spielte ein bayerisches Blasorchester. Es herrschte eine Riesenstimmung. Ich schickte einen meiner Freunde zum Dirigenten, einem stattlichen Mannsbild, und ließ ihn fragen, ob ich seine Dreißig-Mann-Kapelle einen Marsch lang dirigieren dürfe. Ich durfte. Einzige Bedingung: Ich musste allen dreißig Musikern eine Maß ausgeben.

Auf ein Zeichen des Dirigenten kletterte ich wenige Minuten später auf die Bühne. Als der Dirigent mich mit Namen ankündigte, begann ein gellendes Pfeifkonzert. Ich lächelte das Publikum dennoch fröhlich an. Trotzdem pfiffen die Kuseler so laut und unermüdlich weiter, dass ich dachte, es zerreiße mir das Trommelfell. Sie machten sich einen Spaß daraus. Dann ergriff ich den Taktstock. Hubert Burda hatte mir geraten, bei solchen Festen immer »Hoch Heidecksburg« zu dirigieren. Das sei der Lieblingsmarsch aller Festzeltbesucher. Also dirigierte ich »Hoch Heidecksburg«.

Die Bayern bliesen, so laut sie konnten, um das nicht endende Pfeifkonzert zu übertönen. Auch ich warf mich voll rein und ruderte energisch mit den Armen, um das Orchester zu noch lauterem Blasen anzuspornen. Nach etwa zwei Minuten hatten wir uns durchgesetzt, das Pfeifen hörte auf. Zum einen, weil dauerndes Pfeifen anstrengend ist, zum anderen, weil es manchem Kuseler vielleicht doch imponierte, dass ich mich in ihrer »roten Festung« nicht unterkriegen ließ und freundlich blieb. Am Ende klatschten einige sogar Beifall.

Der Dirigent legte anerkennend seine große Hand auf meine Schulter und sagte ins Mikrofon: »Dös ham s' großartig gmacht. Sie san ja a richtigs Talent.« Bescheiden und erschöpft antwortete ich, »Hoch Heidecksburg« sei schon immer mein Lieblingsmarsch gewesen. Der beleibte Dirigent schaute mich erstaunt an: »Wos hoaßt hier ›Hoch Heidecksburg‹, mir hom ›Olti Komeroden‹ gspuit.« Der Rest ging im tosenden Gebrüll der Festzeltbesucher unter. Aber da ich herzlich mitlachte, war das nicht schlimm.

Seit diesem Tag hatte ich in Kusel sogar einige Freunde. Sie wählten mich zwar nicht, aber fanden mich in Ordnung. Das war schon eine Menge.

⋆

Schenke deinen Kindern eine gute Ausbildung! Hilf ihnen vor allem, einen guten Charakter zu entwickeln!

Wenn du den Erfolg deiner Kinder willst, darfst du ihre Jugend nicht bequem gestalten. Du schuldest ihnen Liebe, Zeit und Ausbildung, nicht aber Bequemlichkeit.

Zeige ihnen immer, dass du sie liebst! Gib ihnen ein gesundes Selbstbewusstsein!

⋆

Hier habe ich viel nachzuholen. In den letzten vier Jahren meiner Abgeordnetenzeit war ich zusätzlich stellvertretender Vorsitzender von Hubert Burda Media. Mit meiner Familie lebte ich weiter in meinem Tübinger Wahlkreis. So pendelte ich ständig zwischen Tübingen und Bonn sowie München und Offenburg, den beiden wichtigsten Firmenstandorten, hin und her.

Als ich wieder einmal in Bodelshausen die Koffer für irgendwo packte, fragte mich mein vierjähriger Sohn Frédéric mit trauriger Stimme: »Papa, wo wohnst du?« Die Frage brach mir fast das Herz. Ich wusste es selbst nicht. Zum Geburtstag wünschte er sich: »Dass du nicht immer fortgehst.« Glücklicherweise war meine Frau – eine unschlagbare südländische Mama – immer für die Kinder da. Sie ist es auch heute nach unserer Trennung noch.

Frédéric wäre so gerne einmal mit mir zelten gegangen. Aber ich hatte nie Zeit. Ich versprach ihm daher eine zünftige Zelttour, wenn er einmal in Mathe eine Zwei schreiben würde. Aber Frédéric schrieb in Mathematik nie eine Zwei. Ich wusste das. Er auch.

Deshalb stellte ich ihm eine große Reise in Aussicht, falls er sein Abitur bestehen würde. Er bestand. Von jenem Tag an fragte er jeden Tag, wohin die Reise gehe. Er dachte an die Bahamas, eine Südseeinsel oder etwas Ähnliches. Ich antwortete stets, es werde eine Überraschung.

Am Abend vor der Abreise beendete ich das Rätselraten und sagte: »Wir fahren nach Bagdad.« »Nach Bagdad?«, fragte er fassungslos. »Du willst mich auf den Arm nehmen. Was soll ich da?« Er war bitter enttäuscht. Bagdad statt Südsee, und dafür hatte er gebüffelt? »Wenn du dich mit Saddam triffst, fahre ich sofort wieder nach Hause«, schnaubte er und knallte die Tür zu.

Auf dieser Reise, kaum mehr als ein Jahr vor Kriegsbeginn, wurden wir Freunde. Wir entdeckten ein wunderbares Land mit liebenswerten Menschen, die vor allem einen Wunsch hatten: Sie wollten nicht mit unseren Bombern und Panzern befreit werden. Sie wussten, der Krieg würde das Tor zur Hölle öffnen.

Ein knappes Jahr später, zweieinhalb Monate vor Kriegsbeginn, fuhr ich mit Nathalie in den Irak. Sie war siebzehn. Sie hat im Irak viel geweint. Häufig fragten uns Menschen, warum der Westen diesen Krieg wolle. Das Land liege doch längst am Boden. Manchmal sprach Nathalie einen ganzen Tag nicht mit mir. Sie fand, dass niemand im Westen, auch ich nicht, entschlossen gegen diesen Krieg kämpfte. Trotzdem sagte sie mir viele Jahre später, die Reise in den Irak sei die wichtigste Reise ihres Lebens gewesen.

Mit meiner ältesten Tochter Valérie war ich 2005 im Iran. Sie war damals dreiundzwanzig. Auch das war eine unvergessliche Reise zu sympathischen, kultivierten Menschen. Iran ist eins der nobelsten muslimischen Länder. Egal, unter welcher Regierung die Menschen gerade leiden. Auch hier erlebten wir eine kaum zu beschreibende Herzlichkeit und Gastfreundschaft.

In Isfahan trafen wir zwei bekannte deutsche Politiker. Einer meinte selbstkritisch: »Das ist hier alles ganz anders. Irgendwie sind wir Opfer unserer eigenen Propaganda.« In Deutschland hat er diese Sätze nie wiederholt.

★

Erfülle deinen Kindern nicht alle Wünsche! Kinder haben ein Recht auf unerfüllte Wünsche und Träume.

Reiche Kinder haben es häufig nicht leichter, sondern schwerer als arme Kinder, stark zu werden. Reichtum lähmt die Kräfte, Armut mobilisiert sie.

Stell dir zwei Kinder vor, die über einen See schwimmen sollen. Das eine Kind alleine, das andere mit einem bequemen Beiboot. Die Erfolgschancen des allein auf sich gestellten Kindes sind viel größer als die Chancen des Kindes, das jederzeit in sein Begleitboot steigen kann.

Viele meiner reichen Studienfreunde sind gescheitert, weil sie nie kämpfen mussten – weil sie immer ein bequemes Beiboot hatten.

★

Ich weiß, wovon ich rede. Der Hunger meiner jungen Jahre hat mir den unbändigen Willen verliehen, mich nach oben zu arbeiten. Vor allem die Nachkriegszeit in Renchen war eine Zeit voller Entbehrungen. Die französische Militärregierung teilte den Deutschen Lebensmittelkarten zu, die nicht zum Leben und nicht zum Sterben reichten. Wir hatten oft Hunger. Unsere Eltern aßen besonders wenig, damit wenigstens wir Kinder einigermaßen satt wurden.

Manchmal gab es Mehlknödel, die so schrecklich schmeckten, dass mir der Hunger sofort wieder verging. Fleisch wurde meist durch das Gebet ersetzt. An manchen Spätsommertagen ging die ganze Familie auf abgeerntete Getreidefelder und sammelte zwischen den Stoppeln liegen gebliebene Körner. Das ergab dann eine grauenvoll schmeckende Schleimsuppe.

Am schlimmsten hungerten meine Eltern. Mein Vater musste zweimal eine Gerichtsverhandlung unterbrechen, weil ihm wegen des Hungers schwarz vor Augen wurde. Einmal fiel ihm keine andere Begründung ein als »das Gericht zieht sich zur Beratung der Eidesformel zurück«.

Schließlich beschlossen meine Eltern, das Gleiche wie die meisten Renchner zu machen und auf den umliegenden Bauernhöfen hamstern zu gehen. Natürlich konnte mein Vater als Amtsrichter von Renchen nicht selbst hamstern gehen. Also musste meine Mutter ran. Jede Woche besuchte sie mehrere Bauernhöfe der Gegend und bot Hausratsgegenstände, Geschirr oder Zigaretten gegen Kartoffeln, Brot und andere Lebensmittel an.

Sie musste vorsichtig sein, denn Hamstern war von den französischen Besatzungsmächten unter strenge Strafe gestellt. Im Gefängnis von Renchen saßen mehrere ehrenwerte Bürger der Stadt, die wegen Hamsterns verhaftet worden waren. Mein Vater konnte sie nicht freilassen, weil sie gegen geltendes Besatzungsrecht verstoßen hatten. Er versuchte ihnen daher anders zu helfen.

Wir bewohnten in Renchen eine Hälfte des mitten

im Städtchen liegenden »Forsthauses«. In der anderen Hälfte war die Polizei untergebracht. Direkt neben dem Haus »bewirtschafteten« wir einen winzigen Garten, der an die Grimmelshausen-Schule angrenzte. Wenn mein Lehrer mit meinem Vater ein ernstes Wort sprechen wollte, brauchte er nur den Kopf aus dem Fenster zu strecken. Das kam leider ziemlich häufig vor.

Um den wegen Hamsterns inhaftierten Renchnern wenigstens tagsüber den Gefängnisaufenthalt zu ersparen, teilte mein Vater sie oft zur Arbeit in unserem Garten ein. Obwohl es hier nichts zu arbeiten gab. So wurde stundenlang geplaudert – über Gartenstrategien natürlich –, das Wachstum der Äpfel begutachtet, welke Blätter liebevoll mit der Hand vom Baum gestreift und gewissenhaft untersucht. Mein Vater musste dabei höllisch aufpassen, da er keine gültigen Entlassungspapiere hatte. Er war aus der Gefangenschaft geflohen und dadurch selbst gefährdet.

Nicht nur das Essen war in jenen Jahren knapp, es gab auch nichts Richtiges anzuziehen. Wenn wir aus unseren Schuhen herauswuchsen, wurden die Schuhkappen abgeschnitten, damit unsere Zehen wieder Platz hatten. Im Winter war das sehr unangenehm. Meine Mutter nutzte jede freie Minute, um alte Strümpfe, Topflappen und Ähnliches aufzudröseln. Anschließend strickte sie daraus bunte Pullover, die wir liebten.

Mein Bruder und ich hatten das Pech, immer die abgetragenen und gewendeten Sachen meiner älteren Schwester anziehen zu müssen. In der Schule hat uns das viel Spott eingebracht. Welcher Junge lässt sich schon gerne Worte wie »Mädle-Anorak« nachrufen?

Diese Jahre, in denen wir nichts besaßen, Hunger litten und froren, haben mich geprägt.

Meine Eltern habe ich für ihre aufopfernde Haltung bewundert. Vor einigen Jahren fand ich ein Familienfoto aus jener Zeit. Meine Mutter und mein Vater waren mager wie Skelette, während wir Kinder recht gut genährt aussahen. Obwohl auch wir selten satt wurden. Wie gerne würde ich heute meine Eltern verwöhnen!

*

Wenn du deinen Kindern trotzdem Wohlstand schenken oder vererben willst, übergib ihn erst, wenn sie durch eigene Leistung am Ufer ihrer persönlichen und beruflichen Ziele angekommen sind!

*

Erwarte nicht, dass sich deine Kinder an deinen Lebensweisheiten orientieren. Junge Menschen haben ein Grundrecht auf eigene Fehler und darauf, aus eigenem Schaden klug zu werden.

Vergiss nicht die Fehler, die du in deiner Jugend begangen hast, wenn du deinen Kindern moralische Vorträge hältst!

*

Während der Schulzeit meiner Kinder hätte ich eigentlich immer schweigen müssen. Meine eigenen Schuljahre waren ein Desaster. In Renchen, in Offenburg und in Freiburg. In der zweiten Volksschulklasse sollten wir fünf Sätze mit dem Verb »bedarf« bilden. Ich konnte mit diesem verschraubten Wort nichts anfangen. Draußen schien die Sonne, und ich »bedurfte« allenfalls des Fußballspielens. Das aber konnte ich schlecht schreiben. So fiel mir nur ein Satz ein: »Die Jungfrau bedarf der Liebe.«

Unser Lehrer Knapp war ein korrekter, strenger Mann. Seine zentralen Werte waren Sitte, Anstand und vor allem Keuschheit. Er fasste meinen Satz, über dessen Bedeutung ich nicht nachgedacht hatte, als Rebellion gegen die Säulen seiner Wertewelt auf und verdammte mich zu zwei Stunden Nachsitzen.

Punkt fünfzehn Uhr musste ich antreten. Lehrer Knapp hielt mir noch einmal seine Lieblingsstandpauke zu Sitte, Anstand und Keuschheit. Dann verschloss er die Tür des Klassenzimmers. Ich ging zum Fenster, öffnete es und sah traurig auf unseren kleinen Garten. Häftlinge waren keine da. Dafür flatterten Schmetterlinge fröhlich zwischen den Blumen und Bäumen herum, Wespen umsummten das Fallobst. Ich aber saß eingeschlossen in einem stickigen Klassenzimmer. Für Häftlinge wie mich hatte mein Vater kein Beschäftigungsprogramm. Das Leben konnte sehr ungerecht sein.

Also kletterte ich vorsichtig auf den Fenstersims, schaute, ob die Luft rein war, und sprang in unseren Garten. Dort setzte ich mich unter einen Busch, den man weder von unserer Wohnung noch von der Schule einsehen konnte, und hielt ein wunderbares Mittagsschläfchen. Ich träumte von naschhaften Wespen, fröhlichen Schmetterlingen und hübschen Jungfrauen, die der Liebe bedurften.

Anderthalb Stunden später wachte ich erfrischt auf. Aus unserem Geräteschuppen holte ich eine kleine Leiter und kletterte vorsichtig, nach allen Seiten spähend, ins Klassenzimmer zurück. Die Leiter stieß ich in den Garten zurück. Da ich noch viel Zeit hatte, schrieb ich freiwillig einige »Bedarf«-Sätze – von Wespen, die süßer Früchte, Schmetterlingen, die der Freiheit, und Schülern, die der Strenge bedurften.

Als mein Lehrer Punkt siebzehn Uhr die quietschende Tür aufschloss, sah er verblüfft, dass ich freiwillig eine ganze Seite mit Bedarfssätzen beschrieben hatte. Am meisten beeindruckte ihn der Satz: »Der Schüler bedarf der Strenge.« Das war eine edle Frucht seiner pädagogischen Anstrengungen, das machte das Lehrerleben lebenswert. Anerkennend klopfte er mir auf die Schulter. Was an dem Satz: »Die Jungfrau bedarf der Liebe« so aufrührerisch gewesen sein sollte, verstand ich noch immer nicht. Auch meine Eltern wollten es mir nicht erklären.

Später, als ich das Schiller-Gymnasium in Offenburg besuchte, das glücklicherweise nicht direkt neben unserer Wohnung lag, bekam mein Vater oft Post von meinen Lehrern. Da war von »Widerstand gegen die Lehrergewalt«, »Randalismus«, »Vandalismus« und ähnlichen Dingen die Rede, die ich nicht recht verstand. Große Schwierigkeiten hatte auch mein Klassenkamerad Hubert Burda, den einige Lehrer wegen des Erfolgs seines Vaters und seiner Mutter nicht leiden konnten.

Ich erinnere mich einer Szene, in der unser stämmiger Mathematiklehrer Stöß nach dem Ende einer »kurzen Pause« unbemerkt die Klasse betrat. Zielstrebig ging er quer durch das Klassenzimmer und schlug Hubert Burda, der nicht mehr Lärm machte als die anderen, mit großer Wucht die Hand ins Gesicht. Hubert ging wortlos zu Boden. Er hatte bei Stöß bittere Stunden durchzustehen.

Als die Schüler-Mitbestimmung auch Offenburg erreichte, eröffnete Stöß der Klasse, dass sie ab sofort in freier Wahl einen Klassensprecher wählen dürfe. Jeder Schüler könne gewählt werden – mit drei Ausnahmen: Wenn die Klasse Burda, Todenhöfer oder Karcher, den Stöß auch gefressen hatte, wählen sollte, werde er die Wahl nicht anerkennen. Man dürfe eine junge Demokratie nicht überfordern.

Das gemeinsame Schicksal, von den meisten Lehrern geächtet zu werden, verband uns drei. Hubert Burda und Günther Karcher waren in Offenburg meine wichtigsten Freunde. Das hinderte uns nicht daran, uns von Zeit zu Zeit kräftig zu prügeln. Die Boxkämpfe zwischen Hubert Burda und mir hatten in der Klasse fast Kultstatus. Besonders nachdem ich Hubert in einer großen Pause einmal die Nase so blutig geschlagen hatte, dass er aufgeben musste, um sich auf der Toilette das Blut abzuwaschen. Ich ließ mich von der Klasse als Champion feiern.

Hubert hatte mich nur leicht am Auge gestreift. Ich hatte das gar nicht bemerkt. Aber nach zwei Stunden war mein Auge so geschwollen, dass ich es nicht mehr öffnen konnte. Als ich am nächsten Tag in die Schule kam, war es dunkelviolett. Hubert Burda wurde von der Klasse nachträglich zum Sieger erklärt. Mein Hinweis auf meinen technischen K.o. durch Kampfabbruch wegen Nasenblutens ging im Hohn der Klasse unter.

Zwei Wochen lang musste ich mir den Spott Hubert Burdas, der Klasse und der Lehrer anhören. Jeden Tag nahm mein Auge eine andere Farbe an. Es waren bittere Tage für einen Dreizehnjährigen, der zwei Stunden lang geglaubt hatte, er sei ein Champion.

*

Sei nicht traurig, wenn dir deine Kinder nicht genauso viel Liebe und Aufmerksamkeit zurückgeben, wie du ihnen gegeben hast! Kinder geben den »goldenen Ball«, den sie von ihren Eltern erhalten, selten an ihre Eltern zurück, sondern meist ihren eigenen Kindern weiter.

*

Warte auf den Menschen, den du wirklich liebst! Auch der Wert eines Menschen wird durch das Gesetz von Angebot und Nachfrage bestimmt. Je schwerer jemand zu erobern ist, desto mehr wird er begehrt. Bewahre dir den Zauber des Seltenen!

Liebe so, wie du an dem Tag, an dem du dem Mann oder der Frau deines Lebens begegnest, wünschen wirst, geliebt zu haben!

*

Auch ich hatte in meinem Leben nicht nur eine Freundin. Es gab eine Zeit in meiner Jugend, da habe ich jedes hübsche Mädchen angebaggert, das nicht bei drei auf den Bäumen war. Aber ich war auch viele Jahre allein. Man sollte den Partner lieben, den man liebt. Man muss warten können. Ich habe viel gewartet.

⋆

Glaube an Gott! Hinter und in all den Dingen, die wir kennen, gibt es etwas Größeres, eine Ur-Kraft, eine Ur-Idee. Ich nenne sie Gott. Ich glaube nicht, dass unsere Welt Zufall ist.

Hat Gott nicht schon hundertmal in deinem Herzen zu dir gesprochen? Dein Herz ist der Platz, wo du Gott suchen musst. Nur dort wirst du ihn finden.

Du darfst das Göttliche, den göttlichen Funken in dir, nie untergehen lassen.

⋆

Ich gehe selten in die Kirche – worauf ich nicht stolz bin – und bin auch nicht fromm. Ich weiß nicht mehr von Gott als jeder andere. Aber ich bete vor jeder Mahlzeit, weil ich von meinen Reisen und aus meiner Jugend weiß, dass eine Mahlzeit nichts Selbstverständliches ist. Ich bete auch jeden Abend und danke für alles, was Gott und das Leben mir geschenkt haben. Ich weiß, dass ich privilegiert bin.

Ich bete ferner für alle, die sich nicht selbst helfen können. Auch für Nathalie und für die kleine Marwa, die bei einem Angriff der USA auf Bagdad ein Bein verlor. Beten hat für mich etwas mit Selbsterkenntnis und Demut zu tun. Nichtbeten etwas mit Selbstüberschätzung. Vielleicht sogar mit Anmaßung. Aber möglicherweise ist auch dieser Gedanke eine Anmaßung.

Ich weiß nicht, ob ich Gott gefunden habe. Aber ich habe ihn immer gesucht.

*

Wir glauben, wir wüssten viel. Aber wir wissen wenig, und unser Wissen ist relativ, beeinflusst durch unser Wahrnehmungsvermögen. Vieles werden wir Menschen nie wissen. Auch Stephen Hawking nicht.

Die Schöpfung ist größer als unser Bewusstsein. So wie der Fisch im Gartenteich nichts von den kleinen und großen Fischen in den Flüssen und Meeren dieser Welt weiß.

Was war vor dem angeblichen Urknall? Nichts? Wie kann aus dem Nichts ein Universum entstehen?

Vielleicht gibt es parallele Universen, wie moderne Physiker vermuten? Vielleicht sind wir und unser Weltall nur ein winziger Teil eines größeren Organismus, den wir noch nicht entdeckt haben. Oder nie entdecken werden.

Ist nicht jeder von uns selbst ein eigener, in sich geschlossener Kosmos?

*

Vor sieben Jahren habe ich mir ein Teleskop gekauft. Auf Elba habe ich stundenlang staunend den Himmel und seine unzähligen Sonnen, die wir Sterne nennen, betrachtet. Abends stöbere ich oft in großen Bildbänden über unser Universum.

Ich habe gelernt, dass es in unserer Galaxie – die einen Durchmesser von 100 000 Lichtjahren hat – weit über hundert Milliarden Sonnen gibt. Und dass es in unserem Universum hundert Milliarden derartiger Galaxien, Milchstraßen gibt!

Gas-, Eis- oder Gesteinsplaneten wie die Erde sind Abfallprodukte, die wahrscheinlich bei der Geburt aller Sterne entstehen. Wenn es in jeder Galaxie mit ihren Millionen, Milliarden Sternen auch nur einen einzigen Planeten gibt, der der Erde ähnelt, existieren im Universum 100 Milliarden erdähnliche Planeten. Und warum sollte in jeder Galaxie nur ein Planet erdähnlich sein?

Wenn es unter tausend erdähnlicher Planeten auch nur einen gibt, der Leben entwickelt, gibt es im Universum 100 Millionen bewohnter Welten. Angesichts der unvorstellbaren Entfernungen werden wir die Antwort wohl nie erfahren. Wir kennen die Wunder unseres Universums nicht einmal in Ansätzen.

Unsere kleine Erde existiert seit 4,5 Milliarden Jahren. Wir Menschen, Nachfahren des jungen Homo sapiens, tauchen erst vor weniger als hunderttausend Jahren auf. Erst vor zehntausend Jahren wurde der Mensch sesshaft und schuf im heutigen Irak die erste Zivilisation. War das nicht erst vorhin?

An meinem Teleskop und bei der Lektüre dieser Zahlen komme ich mir winzig und verloren vor. Ich existiere jetzt gerade einmal knapp siebzig Jahre. Ist das alt oder jung? In hundert Jahren werden alle Menschen, die heute leben – egal, ob jung oder alt, arm oder reich, mächtig oder ohnmächtig –, unter der Erde liegen. Kaum einen wird man noch kennen. Wir sind entstanden aus Sternenstaub und werden zu Sternenstaub.

Woher kommt es, dass wir Menschen unsere Bedeutung derartig überschätzen? Sind wir angesichts der gigantischen räumlichen und zeitlichen Ausmaße des Universums nicht alle nur winzige Pausenclowns? Oder nicht einmal das?

Unser Planet ist über neunundneunzig Prozent seiner Zeit ohne uns Menschen ausgekommen. Wahrscheinlich wird er auch den größten Teil der nächsten drei Milliarden Jahre, die er angeblich noch existieren soll, ohne uns zurechtkommen. Der Mensch ist eine kosmische Eintagsfliege. Allein durch Meteoriten, Vulkane und Klimakatastrophen sind in den letzten Jahrmillionen über neunundneunzig Prozent aller Lebewesen der Erde ausgestorben.

Auch ohne Naturkatastrophen sind die meisten Zivilisationen nach einigen Jahrhunderten untergegangen. Selbst wenn unsere westliche Zivilisation länger bestehen sollte: Wie kommen wir auf die Idee, dass wir Menschen das Ende der Evolution sind? Dass die Natur oder Gott uns nicht irgendwann wieder aus dem Verkehr zieht? Oder dass wir das selbst erledigen? Die moderne Waffenentwicklung erlaubt diese Selbstvernichtung schon heute. Allein die USA könnten mit ihren Nuklearwaffen theoretisch zwanzig Milliarden Menschen in nuklearen Staub verwandeln.

Wir alle können uns nur deshalb für so zentral wichtig halten, weil wir uns durch ein spezielles Vergrößerungsglas sehen, das uns zum Maß aller Dinge macht. Selbst Gott sieht darin aus wie wir. Welch ein Größenwahn! Der griechische Philosoph Xenophanes spottet zu Recht: »Wenn Kühe Hände hätten, würden sie ihre Götter wie Kühe gestalten.«

Wir konstruieren uns die Welt, so wie wir sie brauchen. Wir sehen nur, was wir sehen wollen und sehen müssen. Wir hören und riechen nur, was wir zum Überleben benötigen. Wir haben uns, wie schon Kant erkannte, eine fiktive Scheinwelt zusammengebastelt. Eine Welt voller Trugbilder, Illusionen und optischer Täuschungen. Vielleicht sind wir letztlich, wie Claude Lévy-Strauss meint, selbst eine optische Täuschung.

Wir sind mit dieser Selbstvergrößerungs-Strategie nicht alleine. Wahrscheinlich halten sich auch Ameisen, Kellerasseln und Mistwürmer für das Maß aller Dinge. Wie würden sie sich wohl Gott vorstellen?

Es gibt auf unserem Planeten unendlich viele Mikrowelten. Wenn man aus einem Quadratmeter Boden dreißig Zentimeter heraussticht, findet man mindestens fünfzig Asseln, hundert Regenwürmer, hunderttausend Springschwänze, mehr als eine Million Fadenwürmer, eine Milliarde Wimperntierchen und über eine Billion Bakterien. Dazu kommen noch eine Million Algen, eine Milliarde Pilze und zehn Milliarden Strahlenpilze. All diese winzigen, wuselnden Tiere und Pflanzen nehmen sich wahrscheinlich genauso wichtig wie wir. Wie könnten sie sonst überleben?

Wir sind nicht der Nabel der Welt. Weder für die

Mikroorganismen unter unseren Füßen noch für das Universum. Das Universum weiß nichts von uns.

Das bedeutet nicht, dass plötzlich nichts mehr wichtig wäre. Im Gegenteil! Es ist unsere Aufgabe, das Geschenk Leben, die vielen Chancen unseres kurzen Daseins zu nutzen. Für uns und für andere. Statt ständig Gott oder dem Schicksal die Schuld in die Schuhe zu schieben. Leben kann so schön sein. Auch ohne Selbstüberschätzung.

Es täte uns Menschen gut, wenn wir uns wieder als Teil und nicht als Herren der Schöpfung sähen. Das gilt für alle. Auch für jene, die sich – für die Zeit eines kosmischen Wimpernschlags – für Stars der Manege halten.

*

Die monotheistischen Religionen sind große, mythische Lieder an ein und dieselbe Ur-Kraft, denselben Gott. Sei er nun – wie Seneca formuliert – ein allmächtiger personaler Gott, unkörperliche Vernunft oder ein alles durchströmender göttlicher Hauch.

Ich glaube an Gott, obwohl er auch für mich, trotz seiner vielen Namen, verborgen, unfassbar, unendlich ist. Deus absconditus (Nicolaus Cusanus).

Ich glaube an Gott. Aber ich glaube nicht, dass Gott Jude, Katholik, Muslim oder Hindu ist.

Ich glaube, dass Gott viel größer ist als alles, was wir Menschen über ihn sagen und schreiben. Der Versuch der Menschen, Gott zu beschreiben, ist eine Anmaßung – vergleichbar mit dem Versuch eines Regenwurms, den galaktischen Aufbau des Universums zu erklären.

*

Vor wenigen Wochen fuhr mich ein türkischer Taxifahrer in Berlin zur Botschaft eines muslimischen Landes. Er erklärte mir, dass er den Streit zwischen Juden, Christen und Muslimen für Humbug halte, weil es sowieso keinen Gott gebe. Ich fragte ihn, wie er sich erklären könne, dass einst aus dem Nichts lebende, denkende Organismen entstehen konnten. Die Autos und Computer bauten und Sonden in den Weltraum sendeten. Könne das alles Zufall sein?

Mein Fahrer war – wie viele ausländische Taxifahrer – ein belesener Mann. Er erklärte mir, hinter dem Geheimnis der Welt und des Lebens stecke eine physikalische, ordnende Kraft. Diese Kraft habe das Universum geschaffen und auch die Evolution, an deren Spitze zufällig gerade der Mensch stehe.

»Was ist, wenn wir diese Kraft Gott nennen?«, fragte ich ihn. »Und die Religionen nur der Versuch sind, diese Ur-Kraft des Lebens mit Worten, Bildern und Mythen begreiflich zu machen?« Schweigend gab mir mein türkischer »Atheist« das Restgeld heraus. Als sich die Tür des Botschaftsgebäudes hinter mir schloss, saß er noch immer nachdenklich in seinem Taxi.

*

Finde die Mitte zwischen Seneca und Nietzsche! Zwischen der Weisheit des Ostens und der Dynamik des Westens. Sei im Erdulden ein Stoiker, im Handeln ein verantwortungsbewusster Willensmensch!

Unsere Welt kann sich den Luxus der müden Skepsis, des Pessimismus und des Fatalismus nicht leisten. Unsere Welt braucht Tatkraft, Optimismus und Aufbruchstimmung.

Das gilt auch für die muslimische Welt. Sie sollte sich ein Beispiel an ihrem großen Propheten nehmen. Mohammed war ein Dynamiker, kein Fatalist. Er war progressiv, nicht reaktionär. Er war ein Reformer, der die Zukunft gestalten wollte und sich nicht in die Vergangenheit zurücksehnte.

Dein konkretes Verhalten ist wichtig, weil du das Leben deiner Mitmenschen und deiner Zeit entscheidend beeinflussen kannst. Wenn du nur ein paar Menschen glücklicher machst, veränderst du die Welt. Jeder Ozean ist aus vielen kleinen Tropfen entstanden.

Unsere Zeit hat viele Krankheiten. Sie benötigt die besten Ärzte. Du könntest einer dieser Ärzte sein. Die Begabten haben nicht das Recht, schlecht, und die Starken nicht das Recht, schwach zu sein.

Eine Handvoll mutiger und entschlossener Menschen kann den Lauf der Welt verändern. Ihr habt es in der Hand, eure Welt schöner, lebenswerter, gerechter und menschlicher zu machen.

Leiste Wertvolles in deinem Leben – nicht nur für dich, sondern auch für andere! Lass die Erde reicher zurück, als du sie vorgefunden hast!

Mach was aus deinen Talenten – und teile dein Glück!

III.

Klugheit

Erfolgsstrategien der Menschheit

Hier schreibe ich über ein Gebiet, auf dem meine größten Schwächen liegen. Ich war selten klug. Aber einiges habe ich im Leben doch noch gelernt. Wenn auch oft spät.

⋆

Erkenne dich selbst!

Finde deine Stärken, deine Talente heraus und baue sie aus! Finde deine Schwächen heraus und baue sie ab! Tritt nur in Bereichen an, in denen du wirklich gut bist!

Höre nie auf, an dir zu arbeiten! Wer glaubt, etwas zu sein, hört auf, etwas zu werden (Paul Hanny).

⋆

Vergiss nicht, dass du nicht wirklich bedeutend bist! Egal, welche Rolle dir das Schicksal übertragen hat.

⋆

Um das nie zu vergessen, habe ich in meinen letzten Managerjahren stets kleinere Wagen gefahren, als es die Dienstwagenordnung erlaubte. Als Abgeordneter habe ich lange Zeit privat einen VW-Käfer gefahren. Das hat oft zu lustigen Zwischenfällen geführt. Vor allem, als ich während der Debatte über die nukleare »Nachrüstung« nur noch in Begleitung zweier dunkler Limousinen eines Anti-Terrorkommandos des BKA reisen durfte.

Mehrfach wurde mein Käfer, den ich selbst fuhr, vom Sicherheitspersonal nicht durchgelassen. Selbst bei Veranstaltungen, deren Hauptredner ich war. Meine »Beschützer« in ihren schweren Begleitwagen wurden lässig durchgewinkt.

Aber es tat gut, nach einer gelungenen Großveranstaltung wieder in mein kleines Auto zu steigen.

★

Höre nie auf zu lernen! Lernen hält jung. Alt wirst du erst, wenn du aufhörst zu lernen. Ich habe mir alle zehn Jahre ein neues Wissensgebiet erarbeitet und dabei tiefe Freude empfunden.

Der wahre Reichtum unserer Zeit besteht nicht in Geld und Besitz, sondern in Charakter und Wissen.

★

Übertritt nicht die Grenzen der Strafgesetze! Es gibt kaum etwas, für das es sich lohnt, mit dem Strafrecht in Konflikt zu geraten.

Handle so, dass du nichts verbergen musst. Wenn du ein öffentliches Amt bekleidest, musst du besonders unangreifbar leben. Irgendwann enthüllen die Medien alles. An der Nichtbeachtung dieses simplen Grundsatzes scheitern viele Politiker.

⋆

Vor vielen Jahren betrat ein weitläufig Bekannter mein Büro. Fast feierlich übergab er mir einen Umschlag – mit 100 000 Mark in bar. Ich hätte ihm einen guten Partner und ein gutes Geschäft vermittelt, meinte er. Das sei mein Anteil. Schwarz, ohne Steuern! Ich warf ihn fast aus dem Büro.

Wenn er mir fünf Millionen gebracht hätte, hätte ich genauso gehandelt. Nicht weil ich ein guter Mensch wäre. Das bin ich nicht, wie ich leider selbst am besten weiß. Aber es gibt keinen Betrag der Welt, der es wert ist, sich vor ein Strafgericht zerren zu lassen.

Trotzdem bin ich einmal gerichtlich bestraft worden. Wegen eines Vergehens, begangen auf einer Radfahrt zur Freiburger Universität. Es regnete in Strömen. Also nahm ich den großen schwarzen Regenschirm meines Vaters und fuhr mit aufgespanntem, nach vorne gehaltenem Schirm durch die Straßen Freiburgs. Dabei übersah ich ein haltendes Auto und landete im hohen Bogen auf dessen Kühlerhaube.

Der Fahrer verstand keinen Spaß. Obwohl er keinen Schaden hatte, schaltete er die Polizei ein. Ich bekam einen »Strafbefehl« über 50 Mark. »Wegen Radfahrens mit aufgespanntem Regenschirm.« Zähneknirschend bezahlte mein Vater die Strafe. Ich war gerade wieder einmal pleite. Es war der einzige Strafbefehl meines Lebens, zumindest soweit ich mich erinnern kann. Ich hoffe, es bleibt dabei.

*

Lüge und betrüge nicht! Mit einer einzigen Lüge kannst du deine Glaubwürdigkeit für immer zerstören.

Aber nimm auch nicht zu allem Stellung und lege nicht ständig vor jedem alle Karten auf den Tisch! (nach Gracián)

*

Als junger Mensch habe ich – wie die meisten Menschen – oft die Unwahrheit gesagt. Leider! Heute versuche ich, nicht mehr zu lügen. Stattdessen schweige ich lieber oder verweigere freundlich die Antwort. Das geht leichter, als man denkt.

Die Lüge ist der Tod jeder Liebe, jeder Partnerschaft. Bei nichts wird man kleiner als bei einer ertappten Lüge.

*

Sei fleißig! Fleiß bringt durchschnittlich Begabte weiter als Genialität Faule. Die wirklich Großen dieser Welt haben ein gemeinsames Erfolgsgeheimnis: Sie sind harte Arbeiter.

Nur in wenigen Dingen kannst du tiefere Befriedigung finden als in deiner Arbeit.

Arbeit befreit, wie Voltaire treffend festgestellt hat, von drei Übeln: von Langeweile, Laster und Not.

Mach deine Arbeit immer ein bisschen besser als erwartet. Überrasche die Menschen positiv!

⋆

Fleiß ist wichtiger als Talent. Ich besitze kein einziges überragendes Talent. Als ich merkte, dass ich im Studium zu scheitern drohte, habe ich angefangen, hart zu arbeiten. Meist achtzig Stunden pro Woche. Rastlos bei Tag und leider zunehmend ruhelos bei Nacht. Ich musste lange kämpfen, um meinen geliebten Hang zur Trägheit zu überwinden. Vor allem, wenn draußen die Sonne schien und meine Freunde und Freundinnen zu lustigen Taten aufbrachen.

Der Hauptgrund, warum der nur durchschnittlich begabte Helmut Kohl Kanzler wurde, war sein Fleiß. Er ging meist erst nach Mitternacht ins Bett und stand in aller Herrgottsfrühe auf. Wenn seine Konkurrenten schon oder noch schliefen, führte er seine letzten oder ersten Gespräche.

Ludolf Herrmann, früherer Chefredakteur von »Christ und Welt«, schilderte mir, wie er von Kohl eines Morgens kurz vor sieben Uhr zu einer Besprechung gebeten wurde. Kohl stand im ärmellosen Unterhemd vor dem Spiegel und rasierte sich.

Um sieben Uhr drehte er das Radio lauter, um noch einmal die Frühnachrichten des Deutschlandfunks zu hören. Eine der ersten Meldungen war meine scharfe

Kritik an seinem geruhsamen politischen Kurs. Kohl begann so heftig zu schimpfen, dass er sich fast schnitt. »Das läuft nun schon seit einer Stunde! Sechs Uhr, und der Kerl kann schon jetzt das Wasser nicht mehr halten«, maulte er Ludolf Herrmann an. Er wusste, dass Herrmann und ich uns recht gut verstanden.

Was er nicht wusste, war, dass ich die Kritik, anders als die Meldung vermuten ließ, nicht am frühen Morgen geäußert hatte, sondern schon am Vorabend. Ich hatte beim Deutschlandfunk Freunde, denen ich manchmal spätabends Stellungnahmen durchgab, die sie absprachegemäß am nächsten Morgen als frische Semmeln verkauften. Normalerweise akzeptierte der Deutschlandfunk derart vorfabrizierte Meldungen nicht. Aber aus irgendeinem Grund machten manche seiner Redakteure bei mir eine Ausnahme.

Während Kohl auf meine frühmorgendliche Kritik schimpfte, schlief und träumte ich noch süß in Mölschbach, einem winzigen Dorf meines Wahlkreises Kaiserslautern. Der Ort liegt in einem kleinen Tal, rundum von Wäldern umgeben. Es ist eines jener Dörfer der guten alten Zeit, von denen man erzählt, dass abends die Gehsteige hochgeklappt werden und der Mond mit einer Stange durch das Dorf gezogen wird. Die Menschen hier sind knorrig, rau und herzlich. Mölschbach war acht Jahre lang meine Heimat. Hier organisierte ich auch meinen ersten Altenclub, der mich zu meiner Stiftung »Jung für Alt« inspirierte. Selbst in kleinen Dörfern sind alte Menschen oft allein.

Damit meine geliebten Mölschbacher nicht merkten, dass ich noch im Bett lag, während ich die CDU-Führung zu mehr Dynamik aufforderte, hatte ich in

Bad, Küche und Wohnzimmer einen Zeitschalter angebracht. Ab 5.30 Uhr morgens schaltete er automatisch eine Beleuchtung nach der anderen ein – nur nicht im Schlafzimmer. Anders als Kohl kam ich nicht mit vier Stunden Schlaf aus. In diesem Punkt war er allen überlegen. Wahrscheinlich schlief er auch viel besser als ich.

Meine Pressearbeit erforderte nun einmal Kreativität und Fleiß. Als kleiner entwicklungspolitischer Sprecher konkurrierte ich auf dem Medienmarkt mit Kanzlern, Ministern und Parteivorsitzenden. Ich musste daher origineller und schneller sein als die Großen der deutschen Politik. Zum Beispiel, indem ich auf Zeiten auswich, in denen diese sich der wohlverdienten Nacht-, Wochenend- und Urlaubsruhe hingaben. Vor allem im Sommerurlaub verging kein Wochenende ohne ein bis zwei Presse-Erklärungen von mir. Die meisten Journalisten waren darüber hocherfreut. Sie leben nun einmal von Nachrichten.

Aber manche machten sich auch darüber lustig. Eines Morgens fuhr ich mit meinem Käfer gemütlich durch den Wahlkreis Tübingen. Plötzlich unterbrach der Südwestfunk eine Musiksendung, bei der ich fröhlich mitgesummt hatte, mit einer »Sondermeldung«. Der Moderator verkündete mit todernster Stimme, der »abrüstungspolitische Sprecher der CDU/CSU Jürgen Todenhöfer habe heute Morgen überraschenderweise noch keine Pressemeldung abgegeben«.

Aber mit diesem Spott konnte ich leben. Helmut Kohl verstand nicht so viel Spaß. Als ich ihm nach einer seiner sommerlichen Sendepausen über BILD mitteilte, »im Schlafwagen komme man nicht an die

Macht«, tobte er tagelang. Er hat mir diesen Satz nie verziehen. Befreundete Journalisten meinten, es sei der teuerste Satz meiner »Karriere« gewesen. Trotzdem muss ich gestehen, dass Kohl fleißiger war als jeder andere, selbstverständlich auch als ich. Obwohl ich arbeitete wie ein Berserker.

*

Denke daran: Erholung macht erst richtig Freude nach harter Arbeit! Je härter die Arbeit, desto schöner die Erholung.

*

Am härtesten musste ich beim Gleisbau im badischen Emmendingen arbeiten. Ich war damals achtzehn und brauchte dringend Geld für eine Reise nach Marokko. Von meinen Eltern bekam ich monatlich 7,50 Mark Taschengeld. Davon konnte ich nicht einmal meine Freundin richtig ausführen. Geschweige denn einen gebrauchten Motorroller kaufen, mit dem ich nach Afrika fahren wollte.

Nirgendwo verdiente man mehr Geld als beim Gleisbau. Dafür wurde man hart rangenommen. Morgens um sechs Uhr hatten wir anzutreten. Als Jüngster bekam ich wie immer den unangenehmsten Job. Mit einer Schottergabel musste ich entlang der Schienen die kantigen Steine entfernen, damit die Bahnarbeiter die Gleise abschrauben und austauschen konnten. Der Holzgriff der Schottergabel rieb mir schon nach kurzer Zeit die Hände wund.

Da alle paar Minuten ein Zug über die Schienen donnerte, mussten die Gleise innerhalb kürzester

Zeit ausgetauscht werden. Die Arbeit war ein ständiger Wettlauf mit der Zeit. Hundert Meter vor unserer Arbeitsstelle hatten wir einen Streckenposten aufgestellt, der dem Lokführer notfalls mit einer kleinen roten Fahne ein Haltesignal geben konnte. Es waren harte Tage. Die Sonne brannte, alle waren verschwitzt und verdreckt. Aber die Arbeit machte Spaß.

An meinem letzten Tag hatten wir vor der Mittagspause nur noch ein Gleisstück auszutauschen. Ein halber Ring Fleischwurst, zwei Brötchen und eine Flasche Apfelsaft warteten auf mich. Ich hatte mir schon ein schattiges Plätzchen unter einem Apfelbaum ausgeguckt, unter dem ich vespern und dösen wollte.

Für den Austausch des Gleises hatten wir laut Fahrplan fünf Minuten Zeit. Das war wenig, musste aber reichen. Ich hatte den Schotter entfernt, das alte Gleisstück war freigeschraubt und zur Seite gehoben. Nun wurde das neue Gleisstück mit einer Winde über den sogenannten Schienenstuhl gehoben und langsam abgelassen.

Plötzlich hörten wir lautes Schreien. Wir sahen, wie unser Streckenposten mit den Armen rudernd auf uns zurannte. In der Ferne erblickten wir den Zug. Er war drei Minuten zu früh.

Allen schoss der gleiche Gedanke durch den Kopf: Wenn wir uns jetzt die Böschung hinunterfallen ließen und davonrannten, waren wir gerettet, aber der Zug würde entgleisen. Wenn wir weiterarbeiteten, riskierten wir unser Leben. Der Vorarbeiter brüllte: »Das schaffen wir!« Es war der längste Satz, den ich je von ihm gehört hatte. Aber das Gleisstück schwebte noch immer dreißig Zentimeter über der Bahnschwelle.

Wir kurbelten wie die Wilden, um das Gleis schneller herunterzubringen, während der Streckenposten mit seiner roten Fahne dem Zug entgegenrannte. Der Lokführer sah ihn jedoch erst, als er sich der Baustelle schon bis auf hundert Meter genähert hatte. Er versuchte eine verzweifelte Vollbremsung. Doch es war klar, dass er den Zug nicht mehr rechtzeitig zum Halten bringen würde.

Als wir das schmerzhaft schrille Quietschen der Zugbremsen hörten, hing unser Gleisstück noch zehn Zentimeter über den Bahnschwellen. Es ging um Sekunden. Als der Zug bis auf fünfzig Meter herangekommen war, hatten wir das Gleis zwar unten, aber noch keine einzige Schraube fest. Die Gleise begannen unter der Wucht des Zuges zu vibrieren. Wir versuchten, wenigstens einige Schrauben zuzuziehen. Selbst ich drehte mit aufgescheuerten Fingern an einer Schraube. Aber die Zeit reichte nicht. Wir konnten nur wenige Schrauben locker befestigen.

Das alles spielte sich in Sekunden ab. Als der Zug nur noch zehn Meter entfernt war und sein Dröhnen uns zu erschlagen drohte, sprangen wir zur Seite. Wir schafften es nicht einmal mehr die Böschung hinunter. Völlig erschöpft starrten wir auf das Gleis, um zu sehen, ob es hielt. Die Vorderräder der Lok schlugen mit Wucht auf das Gleisstück. Es bog sich nach unten, schnellte zurück, aber es hielt. Schon schlugen die nächsten Räder darauf. Es dehnte sich erneut wie das Seil unter einem Akrobaten. Aber noch immer hielt es. Bei jedem Aufschlagen der schweren Eisenräder dachten wir, es sei vorbei. Das Gleis krümmte sich federnd nach unten, aber es hielt – irgendwie.

Als der quietschende, donnernde Zug, ohne zu entgleisen, endlich vorüber war, sprangen wir hoch. Wir brüllten unsere Angst und unsere Erleichterung heraus. Wir klatschten uns ab und umarmten uns. »Gut gemacht!«, sagte der Vorarbeiter und drehte sich um. Dann ging er langsam zu dem atemlosen Streckenposten und nahm ihn in die Arme. Während wir die vielen losen Schrauben endlich befestigen konnten, hatten alle Tränen in den Augen.

Nie haben mir eine Flasche Apfelsaft und ein halber Ring Fleischwurst so gut geschmeckt wie unter jenem Apfelbaum. Und ich dachte: »Marokko, ich komme!«

*

Lass dir nicht alles gefallen! Gütig, fair und tolerant sein, heißt nicht, sich auf der Nase herumtanzen zu lassen. Man sollte es niemandem leicht machen, bösartig zu sein.

*

Tue das Unangenehme, wenn es unvermeidlich ist, auf einen Schlag, das Angenehme über längere Zeit klug verteilt (Machiavelli)! Aber werde kein kalter Machiavellist!

*

Sei kein Blender, sei mehr, als du scheinst! Baue keinen hohen Erwartungshorizont auf! Nur Dummköpfe legen die Latte der Erwartung so hoch, dass sie nicht mehr darüber kommen.

*

Irgendwann muss sich jeder entscheiden, ob er mehr sein oder mehr scheinen will. Ich habe mich irgendwann für die friderizianische Strategie entschieden, wenigstens zu versuchen, mehr zu sein als zu scheinen. Wahrscheinlich erst nachdem all meine Angebereien – wie in Sestriere – gescheitert waren.

Aber nicht nur aus Klugheit. Auch aus einem gewissen Vergnügen. Bei Gala-Empfängen mit einem klapprigen Taxi vorzufahren, nach einem Heli-Flug verwöhnte Geschäftspartner zu einem Glas Wein in meine vergammelte Freiburger Mansarde einzuladen, in einem Entwicklungsland nach der protokollarischen Verabschiedung nicht den roten Teppich zur First Class, sondern den Hintereingang zur Economy Class zu nehmen – das alles bereitete mir diebisches Vergnügen.

Die letzten fünfzehn Jahre als Abgeordneter bin ich – dem Beispiel meines SPD-Kollegen Hans Matthöfer folgend – grundsätzlich Economy geflogen. Diese Angewohnheit stürzte manche Bundestagskollegen in arge Verlegenheit. Vor allem Kollegen der Fraktion Die Grünen. Die pflegten damals liebevoll ihr Image als Partei der Bescheidenheit und fuhren sogar mit dem Fahrrad in den Bundestag. Auf längeren Auslandsreisen aber flogen sie, wie jedermann, gerne erster Klasse.

In den achtziger Jahren, während der Nachrüstungsdebatte, flog eine Abordnung des Abrüstungsausschusses unter Leitung von Egon Bahr nach Moskau. Selbstverständlich erster Klasse. Mit Ausnahme von mir. Den CSU-, SPD- und FDP-Kollegen war es egal, dass sie vorne in der ersten und ich hinten in der »Holzklasse« saß.

Nicht aber dem rauschebärtigen Grünen-Abgeordneten Roland Vogt. Er war wie die meisten Grünen, die ich im Bundestag kennenlernte, ein feiner Kerl. Deshalb hatte er auch Probleme damit, dass man ihm vorne Kaviar und Champagner servierte und ich hinten vor einer bescheidenen Mahlzeit saß. Nach einer Weile kam er zu mir und fragte, ob ich nicht doch nach vorne kommen wolle. Da sei genügend Platz. Als ich dankend ablehnte, fragte er, ob er mir etwas von seinem Kaviar abtreten könne. Aber auch das wollte ich nicht.

Sein Weltbild geriet ins Wanken. Wie konnte es sein, dass ein »Vertreter des Großkapitals« freiwillig Economy flog und in der letzten Reihe saß? Das musste ein Trick sein! Wahrscheinlich wollte ich das Ganze anschließend in der Nachrüstungsdebatte publizistisch gegen ihn ausschlachten – was ich selbstverständlich nie getan habe. Nachdenklich stapfte er wieder nach vorne, um sich den Genüssen dieser verdammten kapitalistischen Welt hinzugeben.

Unsere Häuser auf Elba und in Sulden sind wegen ihrer äußeren Schönheit ein Verstoß gegen diese Grundsätze. Obwohl sie innen sehr einfach und bescheiden sind. Erst in fünfzig Jahren werden sie so verwittert und abgewohnt sein, wie ich sie gerne heute schon hätte. Wirklich konsequent war ich da nicht. Auch wenn ich selbst immer nur in einem Anbau oder einem Nebengebäude wohne.

Aber ich baue gerne. Unser Haus in Sulden habe ich selbst entworfen und ohne Architekt gebaut. Ich wäre viel lieber Architekt geworden als Jurist.

Und um den Abgeordneten Vogt zu trösten: Bei privaten Amerika-Reisen fliege ich fast immer Business. Ich bekomme sonst kein Auge zu. Noch bin ich nicht so bequemlichkeitsresistent, wie ich es gerne wäre.

*

Lass dich nicht hochjubeln! Nur wer sich hochjubeln lässt, kann tief fallen.

*

Hier habe ich in meinen ersten Bonner Jahren spektakuläre Fehler gemacht. Ich verstand vor allem nicht, warum mit der Anzahl meiner recht überschaubaren Erfolge auch die Anzahl meiner Neider und Feinde wuchs. Ich dachte lange Zeit, dass sich wenigstens Parteifreunde über gute Leistungen ihrer Kollegen freuen würden. Welch kindlicher Irrtum!

Für das politische Bonn war ich ein bunter Paradiesvogel. Man hielt mich damals noch für ein politisches Talent. Das brachte mir in den ersten Jahren zahlreiche Einladungen zu Fernsehsendungen ein. Da es nur drei TV-Anstalten gab, waren selbst bei politischen Sendungen Einschaltquoten von über zehn Millionen keine Seltenheit. Auch die dritten Programme hatten ein Millionenpublikum.

Einmal wurde ich zu einer populären Politiksendung des WDR in Köln eingeladen, die von dem bekannten Journalisten Hans Ahlborn moderiert wurde. Thema waren die Thesen des Club of Rome über die Grenzen des Wachstums. Ich hatte von dieser Problematik keine Ahnung. Als dreiunddreißigjähriger Nachwuchspolitiker las ich mich gerade mühsam in entwicklungspolitische und weltwirtschaftliche Fragen ein.

So konnte ich der Diskussion, die sich um volkswirtschaftliche Indizes und komplizierte Wachstumskoeffizienten drehte, kaum folgen. Ich verstand rein sprachlich nicht, was der Vertreter des Club of Rome und all die anderen volkswirtschaftlichen Größen an klugen Dingen von sich gaben. Streckenweise hatte ich nicht den leisesten Schimmer, wovon die Rede war.

Also schwieg ich ergriffen. Dabei wurde ich sehr müde. Öffentliches Gähnen ging jedoch gar nicht. Also meldete ich mich alle zwanzig Minuten zu Wort und lobte erst einmal die Höhe des Diskussionsniveaus. Dann stellte ich peinlich simple Fragen, etwa, was das alles für den Mann auf der Straße heiße, ob es mehr oder weniger Arbeitsplätze bedeute. Oder ich sagte, dass es Lebensqualität auch ohne Wachstum gebe, und ähnlich Banales. Im Grunde hielt ich die Diskussion mit meinen Beiträgen auf. Als die über dreistündige Sendung endlich vorbei war, schwor ich mir, nie mehr an einer Diskussion teilzunehmen, von der ich nichts, aber auch gar nichts verstand.

Doch ich hatte mich zu früh gefreut. Der Moderator erklärte verschmitzt, er habe noch eine kleine Überraschung für die Diskutanten. Er werde jetzt die Fernsehzuschauer abstimmen lassen, wer am ehesten in der Lage sei, Deutschland ins nächste Jahrhundert zu führen. Ich fühlte mich hereingelegt. Jeder Blinde hatte gemerkt, dass ich keine Ahnung hatte. Ich beschwerte mich bei Ahlborn, aber der Protest kam zu spät.

Nach zwanzig Minuten wurde das Ergebnis der telefonischen Abstimmung, an der über zweitausend Menschen teilgenommen hatten, bekanntgegeben. Der Vertreter des Club of Rome hatte fünfzehn Prozent bekommen, die übrigen Teilnehmer zwischen drei und zwölf Prozent. Ich wurde nicht einmal erwähnt. Wahrscheinlich hatte ich null Prozent erhalten. Ich wäre am liebsten im Boden versunken. Ich wusste, mein Wahlkreis schaute zu, die Beamten des Entwicklungsministeriums sowieso und auch viele Bonner Journalisten. Ich hatte mich ohne Not lächerlich gemacht.

Der Moderator machte eine kleine Pause, dann sagte er leicht irritiert: »Sieger unserer Publikumswahl ist mit dreiunddreißig Prozent der Stimmen Jürgen Todenhöfer.« Ich fiel fast vom Stuhl. Die besten Volkswirtschaftler Deutschlands – fast alles Professoren – hatten zwischen einem und fünfzehn Prozent erhalten, und ich, der totale Vollidiot, der bis zuletzt nicht verstanden hatte, worüber geredet wurde, hatte haushoch gewonnen? Welch ein Unsinn!

Auch meine Mitdiskutanten schauten sich verwundert an und verstanden die Welt nicht mehr. Wahrscheinlich hatten die Zuschauer mich nur gewählt, weil sie genauso wenig verstanden wie ich. Oder aus Mitleid. Der Bonner Journalist Wolf J. Bell erzählte mir später, er habe bei der Abstimmung fünfmal angerufen, weil ich ihm so leidgetan hätte.

Erschöpft packte ich meine Sachen zusammen und fuhr mit dem Zug nach Bonn zurück. Anscheinend hatten viele die Sendung gesehen. Auf dem Bahnsteig und im Zug starrten mich die Menschen an, zeigten auf mich, tuschelten und sprachen offenbar über mich. So ist das also, wenn man plötzlich berühmt ist, dachte ich.

Hundemüde ging ich in meiner kleinen Lengsdorfer Wohnung ins Bad, um zu duschen. Ich war durchgeschwitzt. Als ich in den Spiegel schaute, erstarrte ich. Ich hatte in der Aufregung des überraschenden Abstimmungsergebnisses vergessen, mich abschminken zu lassen. Damals wurde man für TV-Sendungen viel stärker angemalt als heute. Ich war noch immer grellweiß geschminkt, mit leuchtend roten Lippen und tiefschwarzen Augenbrauen.

Die Leute auf dem Bahnhof und im Zug hatten mich nicht mit Blicken durchbohrt, weil sie die Fernsehsendung gesehen hatten. Sie hatten noch nie einen so stark geschminkten jungen Mann gesehen. Sie hatten nicht getuschelt: »Das ist der tolle Typ von vorhin«, sondern: »Wie kann sich ein Mann so peinlich anmalen?« Mir wurde siedendheiß. Ich hatte mich doch noch richtig blamiert.

*

Sei nicht neidisch!

Kämpfe nicht dafür, dass die Reichen ärmer werden, sondern dafür, dass die Armen reicher werden (nach Bernard Shaw)!

Schütze dich vor Neid!

Spiele deine Begabungen und deine Erfolge herunter! Der Neid ist der Hauptfeind der Sieger. Die Vernichtung von Siegern ist eines der beliebtesten Spiele unserer Zeit. Gerade in Deutschland.

*

Viel zu spät habe ich das verstanden. Wer in der deutschen Politik Erfolg haben will, muss lernen, mit dem Neid seiner Kollegen umzugehen. Ich wusste gar nicht, dass das ein Problem war. Neid ist ein Gefühl, das ich nicht kenne. Ich bin in diesem Punkt völlig unterentwickelt. So wunderte ich mich, dass mich nie ein Kollege der Fraktion zu meinem überraschenden Sieg in der Fernsehdiskussion über die Grenzen des Wachstums beglückwünschte. Im Gegenteil! Einige Kollegen schauten mich danach besonders grimmig an.

Der FAZ-Kolumnist Walter Henkels berichtete mir von einem vertraulichen Kaffeeplausch des damaligen Bundeskanzlers Helmut Schmidt mit den CSU-Urgesteinen Hermann Höcherl und Max Schulze-Vorberg. Dabei sei auch mein Name gefallen. Für Schmidt war ich unwichtig. Trotzdem habe er sarkastisch angemerkt, in den USA könnte ich vielleicht Präsident werden. In Deutschland würde ich nie etwas. Dabei schmunzelte er die Unionsgrößen an: »Das werden Sie zu verhindern wissen.«

Mitte der siebziger Jahre las ich in einer großen deutschen Tageszeitung auf Seite drei die Schlagzeile »1988 bin ich Bundeskanzler«. Ich dachte, welcher Dummkopf kann solch einen Unsinn sagen? Das war doch der sicherste Weg, es nicht zu werden. Amüsiert begann ich zu lesen. Aber das Lächeln verging mir, als ich las, dass ich der Dummkopf war, der das gesagt haben sollte. Angeblich vor vielen Jahren beim Skifahren mit Hubert Burda. Wütend warf ich die Zeitung hin und rief Hubert Burda an. Der aber hatte der Zeitung natürlich nie etwas Derartiges erzählt.

Einige Zeit später sprach mich Manfred Wörner auf

die Schlagzeile an. Als ich ihm erklärte, dass ich so etwas wie jeder andere Nachwuchspolitiker vielleicht einmal nach mehreren Glas Glühwein gesagt haben könnte, lachte er: »Passen Sie auf! Ihr Problem ist, dass sich manche das gut vorstellen können. Und ziemlich viel dagegen haben.«

In der Tat musste ich zunehmend ein seltsames Phänomen feststellen: Je mehr »Erfolg« ich mit politischen Initiativen, Debatten oder auch TV-Sendungen hatte, desto mürrischer knurrten mich manche Kollegen an. Helmut Kohl fragte mich einmal bissig, ob ich, außer im Fernsehen aufzutreten, auch noch etwas Anderes täte. Ich erklärte ihm, noch nie habe im Wahlkreis Kaiserslautern-Kusel ein CDU-Abgeordneter so viele politische Veranstaltungen durchgeführt wie ich. Doch das interessierte ihn nicht.

Als ich den Bonner Korrespondenten der »Rheinpfalz« Klaus Hoffmann – einen alten Kohl-Freund – fragte, warum sich Kohl immer mehr vor mir verschließe, antwortete er, das wisse ich doch selbst am besten. Kohl sehe mich als Konkurrenten. Ich musste lachen, denn das war absurd. Ich war Mitte dreißig und wusste, dass Kohl mir politisch in allem haushoch überlegen war. Außerdem mochte ich den großen, schlaksigen und sehr menschlichen Helmut Kohl gut leiden. Was sollte das alles?

Ich glaube heute, dass ich in jenen Jahren hoffnungslos naiv war. Deshalb bin ich auch nie ein wirklicher Politiker geworden. Als ich später Helmut Schoecks Buch »Der Neid und die Gesellschaft« las, fiel es mir wie Schuppen von den Augen. Wer in der deutschen Gesellschaft den Neid unterschätzt, hat keine Chance.

Doch das sollte man wissen, bevor man in die Politik geht. Aber kann man es wissen, wenn man selbst nicht neidisch ist?

★

Tue viel für deine Bildung! Aber denke daran: Ein mit Büchern beladener Esel ist weder ein Gelehrter noch ein weiser Mann (Sa' di Schiras).

★

Meine Putzhilfe Edith, mein Fahrer Heinz, meine Assistentin Veronika und auch mein Freund Paul sind in Fragen des täglichen Lebens viel weiser als ich. Hier bin ich eher der mit Büchern beladene Esel. Die vier hätten ihr privates Umfeld nie so töricht vernachlässigt, wie ich das getan habe.

★

Übernimm die Freundschaften deiner Freunde, aber nicht ihre Feindschaften!

Höre dir den Rat deiner Freunde an!
Respektiere ihren Widerspruch!
Aber höre nicht auf jeden Schwätzer und Nörgler! Halte dir Schmeichler vom Leib!

Meide Nichtstuer, Playboys und Müßiggänger! Die einzige Rechtfertigung für Wohlstand ist harte Arbeit und echtes soziales Engagement.

Meide zynische, destruktive, negativ eingestellte Menschen! Sie lösen kein Problem unserer Welt.

Umgib dich mit Menschen, von denen du etwas lernen kannst (nach Gracián)! Hole dir die Besten, und du wirst der Beste! Ihr Ruhm ist dein Ruhm.

⋆

Mein relativer Erfolg in der Wirtschaft beruhte darauf, dass ich stets versucht habe, Kollegen zu engagieren, die in möglichst vielen Bereichen deutlich besser waren als ich. Die Kompetenz und Charakter hatten, die zwei wichtigsten Eigenschaften jeder Führungskraft.

Helmut Markwort war stets ein besserer Verlagsmanager als ich. Der wunderbare Gerd Bolls, der leider beim Absturz unserer Firmenmaschine bei Offenburg ums Leben kam, ohnehin! Philipp Welte, mein früherer Wahlkreisassistent, hat ein Marketingtalent, von dem ich nur träumen kann. Und Paul-Bernhard Kallen, der jetzige Vorstandsvorsitzende, hat eine geistige Schaltgeschwindigkeit, die ich staunend bewundere. Vor allem aber hat er Charakter und ein Riesenherz.

Ähnlich Positives könnte ich auch über Hubert Burda und unser juristisches Universalgenie Robert Schweizer sagen. Aber die hatte ich nicht eingestellt. Die hatten mich geholt.

Ich musste die Überlegenheit meiner Kollegen nie bereuen. Die meisten Führungspersönlichkeiten umgeben sich mit mittelmäßigen Mitarbeitern, die sie selbst nie gefährden können. Und scheitern an deren Mittelmäßigkeit.

*

Lerne die Kunst, Menschen zu gewinnen! Dein Erfolg hängt mindestens zur Hälfte davon ab, ob dein Umfeld deine Leistungen anerkennt und bereit ist, dich zu unterstützen.

Sei respektvoll, gütig und von Herzen freundlich! Ehrliche Freundlichkeit schafft Freunde, Verbündete und Anhänger. Die Asiaten sagen: Lächle die Welt an, und die Welt lächelt zurück.

Auch weil lächelnde Menschen schöner sind. Gesichtsausdruck und Körperhaltung entscheiden über die Attraktivität eines Menschen.

Ein ehrliches Lächeln verzaubert jeden. Ein gutes Wort öffnet alle Türen, ein böses verschließt sie. Die meisten Menschen – auch du und ich – finden Menschen, die ihnen positiv gegenüberstehen, großartig.

Trotzdem ist diese Lebenskunst im Westen weitgehend in Vergessenheit geraten. Heute weiß fast jeder, wie man per Handy oder Internet Menschen in fernen Ländern erreicht. Wie man das Herz seines Nach-

barn oder Gesprächspartners erreicht, wissen nur noch wenige.

⋆

Kohls Kunst, sich Freunde zu schaffen, war – neben seinem Fleiß und seinem festen Glauben an sich selbst – ein weiterer wichtiger Grund seiner Erfolge. Er versuchte, sich auch die großen Staatsmänner der Welt zu persönlichen Freunden zu machen. Meist schaffte er das. Mit ganz einfachen Methoden.

Ich versuchte, die »kleinen Leute« als Freunde zu gewinnen. Ebenfalls mit Erfolg. Sie gaben mir viel Kraft. Vor allem die Menschen in Mölschbach. Mein wichtigster Freund war der kleine, knollige Postler Theo Weimer. In seiner Freizeit stampfte, rührte und kochte er in einem großen Bottich unbeschreiblich köstliche Leberwurst, Blutwurst und Schwartenmagen. Mit vielen geheimnisvollen Zutaten.

Er verkaufte sie in Dosen zu sozial gestaffelten Preisen. Der Postsekretär musste drei Mark bezahlen, der Postinspektor vier Mark und der Postrat fünf Mark. Als Abgeordneter musste ich trotz harter Verhandlungen sechs Mark bezahlen. Das war Theo Weimers »Soziale Marktwirtschaft«. Da kannte er kein Erbarmen.

Die Wurst war köstlich. Wenn ich Gäste hatte, gab es meist Mölschbacher »Lewwerwurst« auf Schwarzbrot. Meine Leberwursteinladungen waren ein großer Erfolg. Ich begann daher, zu Weihnachten an ein Dutzend befreundete Journalisten je eine Dose Leberwurst, Blutwurst und Schwartenmagen zu verschicken. Ich erhielt begeisterte Dankschreiben.

Irgendwann sprach mich Helmut Kohl, damals noch Ministerpräsident von Rheinland-Pfalz, auf meine »Post-Wurst-Sendungen« an. Er habe gehört, ich besteche Journalisten mit Leberwurst, pflaumte er mich an. Ich lachte und sagte, Journalisten ließen sich nicht mit Leberwurst bestechen – und dachte, das Thema sei erledigt. Aber ich irrte. Aus allen Ecken hörte ich in den kommenden Wochen im Wahlkreis und auch in Bonn, ich würde Kisten voller Wurstwaren an Journalisten versenden.

Auch einige Journalisten sprachen mich an und sagten, das Gerücht sei ihnen peinlich. Ob ich sie nicht von der Liste nehmen könne. Andere waren pikiert, weil ich sie offenbar für zu unwichtig erachtet hatte, mit Mölschbacher Leberwurst bedacht zu werden.

Die Geschichte wurde so unerfreulich, dass ich die Weihnachts-Wurstaktion Anfang Dezember kurzfristig stoppte. Da die Wurst schon angeliefert war, musste ich fast ein Jahr lang Leberwurst, Blutwurst und Schwartenmagen essen.

Geraume Zeit später – Kohl war inzwischen Bundeskanzler geworden – erzählten mir Journalisten, dass der Kanzler einem ausgewählten Kreis von Staatsoberhäuptern zu bestimmten Anlässen pfälzische Wurstspezialitäten zuschicke. Pfälzer Leberwurst und Saumagen für Bush sen., Gorbatschow, Mitterand und Co!

Welch ein Meister der Kunst, sich Freunde zu schaffen – und dabei alle störenden Hindernisse aus dem Weg zu räumen! Sprachlos zog ich den Hut vor ihm.

★

Höre den Menschen zu, unterbrich sie nicht!
Die meisten Menschen haben niemanden,
bei dem sie sich aussprechen können.
Sie lieben Menschen, die ihnen zuhören.

Ein jüdisches Sprichwort sagt: Gott gab den Menschen zwei Ohren, aber nur einen Mund, damit sie mehr zuhören und weniger reden.

★

Lass die Menschen als Sieger aus deinen Gesprächen hervorgehen – oder zumindest ein Unentschieden erzielen, dann hast du gewonnen! Aber handle aus Respekt und Güte, nie aus kalter Berechnung!

Sorge dafür, dass sich die Menschen neben dir nicht klein, sondern groß fühlen! Stelle nicht dich, sondern die anderen ins Licht!

Blamiere niemanden!

★

Mein erster Chef war Bruno Heck, Generalsekretär der CDU und früherer Familienminister. Ein silberhaariger 53-jähriger Schwabe, verschmitzt, gütig und, wo erforderlich, sehr konsequent. Wenn Bruno Heck in Bonn war, lud er oft führende CDU-Politiker zu sich nach Hause ein. So hatte er eines Abends Gerhard Stoltenberg zu Gast, einen der Konkurrenten Helmut

Kohls. Heck wollte Stoltenberg für Kohl gewinnen oder zumindest zu einer neutralen Haltung bewegen.

Heck war Weinliebhaber. Selbstkritisch sprach er gegenüber Stoltenberg über die Weine seiner schwäbischen Heimat. Sie seien meist sauer. Die schwäbischen Winzer entschuldigten das mit den gottesfürchtigen Worten: »So hot en der do droba (der liebe Gott) wachse lau.« Wenn der Wein jedoch ausnahmsweise einmal gut und süß sei, pflegten sie stolz zu sagen: »Oiges Gwächs.« Heck liebte es, sich und die Region, aus der er stammte, auf den Arm zu nehmen. Er machte sich nie größer als seine Gäste.

Mit diesen launigen Worten verabschiedete sich Heck, um ein edles Tröpfchen aus seinem Weinkeller zu holen. Für Stoltenberg war ihm nichts zu schade, obwohl er befürchtete, dass dieser als Norddeutscher nichts von Wein verstand. Aber das hätte er ihn nie spüren lassen.

Er kam mit einem alten Bordeaux eines besonders guten Jahrgangs zurück, den er auch sich nur selten gönnte. Er goss sich und Stoltenberg ein Gläschen des edlen Tropfens ein. Stoltenberg hatte am Etikett der Flasche gesehen, dass ihm etwas Besonderes kredenzt wurde. Vorsichtig kostete er – ohne auf Heck zu warten – einen Schluck. »Etwas herb«, dachte er. Aber das wagte er gegenüber dem Weinkenner Heck nicht zu äußern. »Köstlich«, murmelte er anerkennend und trank noch einen Schluck des »herben« Weins.

Heck hatte sofort bemerkt, dass der Wein »gekippt« und ungenießbar war. Da Stoltenberg ihn jedoch »köstlich« genannt hatte, konnte er schlecht sagen, dass der alte Bordeaux völlig verdorben war. Er wollte Stoltenberg nicht verletzen, gerade weil dieser Norddeutscher war – und sein Gast.

So saßen sich die beiden alten Knaben den ganzen Abend bei einer Flasche schrecklich schmeckenden Weins gegenüber und prosteten sich immer wieder mit süßsaurer Miene zu. Eine echte Männerfreundschaft ist an jenem Abend nicht entstanden. Bruno Heck aber schwor sich, nie mehr mit einem Norddeutschen einen Wein zu trinken, den er nicht vorher gekostet hatte.

*

Sage deinem Partner immer wieder, dass er für dich der wunderbarste Mensch ist! Auch in der Liebe heißt der erfolgreichste Satz aller Zeiten nicht: »Ich finde mich gut«, sondern: »Ich finde dich gut.« Auch in der Liebe ist es wichtig, dass sich dein Partner neben dir groß und nicht klein fühlt.

Kämpfe um die Liebe deiner Frau! Die drei wichtigsten Strategien, die Liebe einer Frau zu erhalten, heißen: zuhören, zuhören, zuhören – ohne kluge Ratschläge zuhören. Frauen wollen Verständnis für ihre Gefühle, keine Ratschläge und keine Lösungen. Wie häufig habe ich das falsch gemacht!

Kämpfe um die Liebe deines Mannes! Die drei wichtigsten Strategien, um die Liebe eines Mannes zu erhalten, heißen: nicht kritisieren, nicht kritisieren, nicht kriti-

sieren – ihn anerkennen, so wie er ist. Ein Mann sucht bei seiner Frau Anerkennung und Bewunderung, keine Erziehung.

⋆

Auch meinen Kindern hätte ich mehr zuhören sollen. Und weniger kritisieren. Zumindest ab einem bestimmten Alter.

⋆

Lerne, unangenehme Dinge freundlich zu verpacken! Sei »fortiter in re, suaviter in modo«! Verletzte niemanden persönlich!*

Lobe oft, kritisiere selten! Hochachtung, die du zeigst, kommt immer zurück – Missachtung auch.

Lobe öffentlich, kritisiere, wenn überhaupt, dann unter vier Augen!

⋆

Das gilt auch in der Außenpolitik. Als entwicklungspolitischer Sprecher der CDU/CSU wurde ich oft von den Regierungschefs der Entwicklungsländer empfangen. Meine Partei war zwar nicht an der Macht, aber das konnte sich schon bei der nächsten Wahl ändern. Da hielten es die Regierenden der Entwicklungsländer für klug, auch Kontakte zur möglichen Regierungspartei von morgen zu knüpfen. Auf diese Weise konnte

* Sei »hart in der Sache, freundlich im Ton«!

ich viele bekannte Politiker der sogenannten Dritten Welt kennenlernen.

1976 war ich zu Gast bei Indiens Premierministerin Indira Gandhi. Sie hatte kurz zuvor nach Massendemonstrationen Notstandsgesetze erlassen und einige demokratische Grundrechte außer Kraft gesetzt. Westliche Politiker pflegen in derartigen Fällen beim Besuch dieser Länder nachdrücklich die Einhaltung der Menschenrechte zu fordern.

Ich war damals fünfunddreißig Jahre alt, ein Nachwuchspolitiker. Vor mir saß, fast majestätisch in einem viktorianischen Sessel, die große alte Dame Indiens, der größten Demokratie der Welt. Ich war der sechzigjährigen Regierungschefin offenbar sympathisch. Sie lächelte mich mit ihren klugen Augen freundlich an.

Sie hätte mit mir sicher gerne über einen Ausbau der wirtschaftlichen Zusammenarbeit gesprochen oder über das Erfolgsgeheimnis des deutschen Wirtschaftswunders. Ich aber hielt ihr gnadenlos einen Vortrag über Menschenrechte. Natürlich sah ich, wie sich ihre freundliche Miene verfinsterte, merkte, dass ihre Antworten kürzer wurden. Auch das Gesicht des deutschen Botschafters Diehl verdüsterte sich zusehends.

Trotzdem zog ich meinen Vortrag unbeirrt durch. Der Tagesschau gab ich anschließend ein unmissverständliches Interview. In den deutschen Medien bekam ich für mein Eintreten für Demokratie und Menschenrechte – soweit sie es wahrnahmen – Beifall.

Was aber hatte ich mit meiner Kritik erreicht? Nichts! Warum hatte ich mit Indira Gandhi nicht über die große indische Kultur gesprochen? Warum hatte ich ihr keine Komplimente gemacht, dass ihr damals 700 Millionen Menschen umfassendes Land trotz der gigantischen sozialen Herausforderungen eine demokratische Grundstruktur hatte und behielt? Dass Indien ein Vorbild für die Welt war?

Hier hätte ich ja einen kritischen Satz einbauen können und auch müssen. Dass die Welt von diesem großartigen Land besonders viel erwarte. Auch die baldige Aufhebung der Notstandsgesetze. Und warum machte ich Esel, wenn es mir wirklich um Demokratie und Menschenrechte ging, meine Kritik auch noch öffentlich?

Warum, frage ich mich heute, fordern wir die Einhaltung der Menschenrechte nie von westlichen Führungsnationen, wenn diese völkerrechtswidrige Kriege führen, foltern, quälen, töten und demokratische Grundsätze auf den Kopf stellen? Sind wir nicht schreckliche Heuchler? Warum leben wir die Menschenrechte nicht einfach vor?

Nach dem auf Unwahrheiten aufgebauten gnadenlosen Krieg der USA gegen den Irak, nach den Folterorgien in Abu Ghraib, der Käfighaltung von Menschen in Guantanamo, dem heimlichen Transport von Gefangenen in Folterstaaten, dem Bombardieren afghanischer Hochzeits- und Trauerfeiern, dem Ausschalten pakistanischer Bürger durch »Drohnen« – jenen fliegenden Guillotinen, die aus klimatisierten Räumen in Nevada ferngesteuert werden – bin ich auf meinen Reisen leise geworden.

Ich werde nie mehr wagen, indische, kubanische, mosambikanische, afghanische, irakische, iranische oder palästinensische Politiker aufzufordern, sich in Sachen Menschenrechten an uns ein Beispiel zu nehmen.

★

Suche das Positive in den Taten deiner
Mitmenschen und nicht das Negative!
Sage ihnen, was sie richtig machen, und
nur ausnahmsweise, was sie falsch machen!

Sprich gut von deinen Konkurrenten!
Lob macht dich größer, Kritik kleiner.

Kritisiere nie deine »Punktrichter«! Weder
im Sport noch im Studium noch im Beruf!
Verzichte darauf, deine Vorgesetzten in den
Schatten zu stellen!

★

Auch an diese Lebensweisheit hätte ich gelegentlich denken sollen.

★

Sage zu jedem »bitte« und »danke«!
Schreibe jedem, der dir seine Zeit opfert,
dich zum Essen einlädt oder dir sonst einen
Gefallen tut, einige Dankeszeilen!

★

Sei pünktlich! Auch und gerade wenn du
dich mit Menschen triffst, denen du
vorgesetzt bist! Unpünktlichkeit ist ein
Mangel an Respekt. Sie bedeutet immer,

dass du deinen Gesprächspartner nicht für wichtig hältst. Außerdem werden die anschließenden Gespräche dadurch viel schwieriger.

*

Auch gegen diese Regel habe ich – wie gegen viele Regeln der Klugheit – unzählige Male verstoßen. Es wird Zeit, dass ich das ändere.

*

Sei höflich! Höflichkeit öffnet viele Türen. Selbst in der Politik.

*

Als mein erster Wahlkampf in Kaiserslautern/Kusel immer polemischer wurde, versuchten wir die Konfrontation durch Hausbesuche, durch eine Strategie der Höflichkeit aufzubrechen. In den USA hatten Politiker mit persönlicher Wahlwerbung, dem sogenannten Canvassing, große Erfolge erzielt. Ich glaube auch heute noch, dass Einzelgespräche viel mehr bringen als die beinahe rituellen Wahlveranstaltungen, zu denen fast nur noch Parteimitglieder kommen.

Eines Tages machte sich Theo Weimer auf, um in Mölschbach für mich testweise »Canvassing« zu betreiben. Die Mölschbacher fanden das gut. Schon der Erste, bei dem er klingelte, bat ihn in die gute Stube und lud ihn auf einen Schnaps ein. Theo ließ sich das nicht zweimal sagen. Seine Frau hielt ihn in Sachen Schnaps kurz. Er erklärte seinem Mitbürger, was für ein toller Kerl ich sei, und zog nach zwei weiteren köstlichen Schnäpsen beschwingt weiter.

Offenbar gab es überall Schnaps, denn einige Stunden später hörte Rosel Weimer, wie ihr Mann laut meinen Namen singend durch das Dorf zog. Er war so voll, dass seine Frau drei starke Mölschbacher rufen musste, um ihn nach Hause tragen zu lassen. Auch das fand Theo großartig, denn nun schmetterte er aus voller Kehle eines meiner Lieblingslieder, das Wolgalied »Es steht ein Soldat am Wolgastrand, hält Wache für sein Vaterland…«. Er sang so unüberhörbar falsch, dass einige Mölschbacher wütend ihre Fenster zuknallten.

Zu Hause erklärte Theo mit schwerer, bedeutungsschwangerer Stimme, er mache jetzt jeden Abend »Canvassing« – ein Traum, den seine Frau Rosel abrupt beendete. »Du machsch nie mähr Gänwesing oder wie das Ding heeßt.« Damit war Theos »Canvassing«-Karriere beendet. Der Test, die harte Wahlkampfkonfrontation durch höfliche Hausbesuche zu ersetzen, war gescheitert.

Die SPD nannte mich in ihren Zeitungsanzeigen wieder einen »braun gebrannten Playboy« und ich ihren eigentlich sympathischen, kantigen Abgeordneten einen »Waldschrat«.

*

Spotte nicht! Nichts verletzt mehr als Spott oder ein spöttisches Lächeln. Sie sind die sichersten Methoden, sich Feinde zu schaffen.

*

Sei bei aller Liebenswürdigkeit und Herzlichkeit kein Schmeichler! Dauerhaften Erfolg wirst du nur haben, wenn du deine Mitmenschen wirklich respektierst, und nicht, wenn du ihnen etwas vorspielst.

⋆

*Sei kein Rächer! Rache bringt meist nur Unglück. Wenn du trotzdem ausnahmsweise eine Rechnung begleichen musst, tue es nicht sofort, sondern erst nach reiflicher Überlegung! La vengeance est un plat, qui se mange froid, oder besser noch: qui ne se mange pas du tout**.

⋆

Ich habe mich nie wirklich gerächt. Oder nur ein bisschen. Bruno Heck habe ich geliebt wie einen Vater. Er hat mich hart rangenommen. Aber die zwei Jahre, die ich für ihn arbeiten durfte, waren eine gute Lehre.

Jeden Morgen, Punkt acht Uhr, ging die Arbeit los. Meist bis einundzwanzig Uhr. Zweimal in der Woche waren wir mit dem Wagen in Deutschland unterwegs, um Landesfürsten der CDU zu besuchen oder Wahlkampfveranstaltungen abzuhalten. Da Heck gerne zu Hause schlief, fuhren wir nach den Veranstaltungen meist gleich nach Bonn zurück. Wir waren selten vor drei Uhr zu Hause. Morgens um acht Uhr ging es in der Bundesgeschäftsstelle weiter.

* Rache ist ein Gericht, das man erst verspeist, wenn es kalt ist. Oder am besten gar nicht.

Wir telefonierten oft auch am Wochenende. Selbst dafür war ich dankbar. Aber irgendwann begann Bruno Heck, mir samstags und sonntags zusätzlich Besuchergruppen und andere ehrenvolle Verpflichtungen zu übertragen. Auf meine vorsichtigen Einwände antwortete er nur lachend, der »Toddenhöfer« sei noch lange nicht ausgelastet. Aber auch ich hatte ein Privatleben und wollte es nicht völlig aufgeben.

Als er mir eines Tages ankündigte, am nächsten Wochenende dürfe ich zwei Tage lang »seine Vikare« – angehende Priester aus seinem Wahlkreis Rottweil – betreuen, lehnte ich dankend ab. Ich sei schon verabredet. »Toddenhöfer«, sagte er lachend, »des ischt a Befehl.« Meinen schüchternen Hinweis, am Wochenende könne man auch schon mal einen Befehl verweigern, nahm er nicht ernst. Ich könne mit den Vikaren ja eine Sauftour machen, meinte er väterlich scherzend.

Ich spürte, ich wurde gerade vom persönlichen Referenten zum persönlichen Sklaven degradiert. Da durfte ich mich wehren. Also machte ich den Vikaren ein Programm, das sie nie vergessen sollten. Wir zogen in Köln von Spelunke zu Spelunke und versackten am späten Samstagabend in einem schlimmen Striptease-Club. Die Vikare hatten ihre erste leibhaftige Begegnung mit dem Satan und der Sünde. Sie waren begeistert. Die Reue kam am nächsten Morgen, als der Rausch verflogen war. Selbst Jahre danach wurde mir von Vikaren berichtet, die noch immer harte Bußübungen durchführten.

Heck war ein frommer Mann. Nachdem er von unserem lasterhaften Treiben erfahren hatte, durchbohrte er mich mit finsteren Blicken. »Wehe, Sie sagen jemandem, dass die Idee mit der Sauftour von mir kam«, knurrte er. Von da an hatte ich am Wochenende Ruhe. Seine Freundschaft aber hat er mir nie entzogen.

*

Lerne zu verzeihen! Verzeihen ist ein Zeichen von Stärke und Souveränität und nicht von Schwäche.

Behandle deine Konkurrenten, Gegner und Feinde so, als könnten sie eines Tages deine Freunde werden! Niemand weiß im Voraus, wie lange Feindschaften dauern (Gracián). Das gleiche gilt für Freundschaften.

*

Zu meinen politischen »Gegnern«, auch wenn sie in einer anderen Gewichtsklasse boxten, gehörten Helmut Kohl, Hans-Dietrich Genscher und Michael Gorbatschow. 2001 hatte ich bei einer Festveranstaltung unseres Verlags in Berlin die Möglichkeit, meine Tischgäste selbst zu bestimmen. Ich nutzte die Gelegenheit und setzte Gorbatschow, Kohl und Genscher an meinen kleinen Tisch.

Wir saßen zwei Stunden zusammen. Kohl war ziemlich mürrisch. Vor allem nachdem die Bedienung ihm den Wunsch auf ein kühles Bier abgeschlagen hatte. Da er mich keines Blickes würdigte, konnte ich unbemerkt aufstehen und in die Küche gehen. Fünf Minuten später stellte ich ihm ein schäumendes Bier vor die Nase. Seine Miene hellte sich auf. Ungläubig, aber zunehmend wohlwollend blickte er mich an.

Als ich ihm eine halbe Stunde später noch ein Bier brachte, brummte er, wir hätten uns schon lange nicht mehr gesehen. Ob ich nicht mal wieder vorbeikommen wolle. Von da an schaute er mich den Rest des Abends fast mit Zuneigung an. Wie zu Beginn unserer Bekanntschaft. Eigentlich mochte ich ihn ja. Ich hatte es nur vergessen. Und er auch.

Mit Gorbatschow, der direkt neben mir saß, verstand ich mich sofort. Wir sprachen über Gott und die Welt. Auch über Afghanistan. Er erzählte mir, dass die Invasion Afghanistans eine einsame Entscheidung Breschnews gewesen sei.

Am Ende des Abends fragte er mich über seinen Dolmetscher, ob ich einen älteren Verwandten, Onkel oder Vater hätte, der ein schrecklicher Falke und Reaktionär gewesen sei. Ich schmunzelte ihn an und sagte, der Falke sitze neben ihm. »Das sind Sie?«, lachte er und lud mich mit meiner Familie nach Moskau ein.

Gorbatschows Frage nach meinem »reaktionären Verwandten« hatte eine Vorgeschichte. Bei seinem ersten Treffen mit dem neuen Staatsratsvorsitzenden der DDR Egon Krenz im November 1989 – eine Woche vor dem Fall der Mauer – hatte er, wie ein später veröffentlichtes Geheimprotokoll belegt, heftig vor Leuten wie mir gewarnt.

In dem Protokoll heißt es: »In der BRD werde die nationale Problematik sehr stark in der Politik ausgenutzt. Es gebe Leute in den Regierungsparteien, die Kohl loswerden wollten. Es gebe auch noch schärfere Forderungen aus dem rechten Lager. Der CDU-Abgeordnete Todenhöfer habe sich mit einem Brief an die USA und die Sowjetunion gewandt und dort die sofortige Wiedervereinigung Deutschlands gefordert. In der BRD werde mit diesem Thema wild spekuliert.«

Das war eine Woche vor dem Fall der Mauer. Wenigstens in der Sowjetunion war mein verzweifeltes Bemühen, die Wiedervereinigung auf die Tagesordnung der internationalen Politik zu heben, bemerkt worden. Obwohl ich nur ein kleiner Abgeordneter war.

Was Gorbatschow nicht wusste, war, dass mich bei der Übergabe meiner Briefe zur Wiedervereinigung nicht nur der britische Botschafter lächelnd abfahren ließ. Er habe täglich Kontakt zur deutschen Bundesregierung, erklärte Letzterer mir kühl. Meine Position werde von der Bundesregierung nicht geteilt.

Gorbatschow war für Europa ein Geschenk Gottes. Selbst für Russland, auch wenn viele seiner Landsleute das erst später erkennen werden. Ihm verdanken wir Europäer, einschließlich der Russen, zu einem großen Teil den Frieden, in dem wir heute leben dürfen.

Genscher, der mein problematisches Verhältnis zu Kohl und Gorbatschow kannte, hatte den Entspannungsgesprächen mit den beiden verschmitzt zugesehen. Mit ihm kam ich an diesem Abend, an dem ich die drei politischen »Hauptgegner« meines Lebens traf, nicht näher ins Gespräch. Mit Genscher habe ich später in mehreren guten Gesprächen Frieden schließen können. Er hat es mir nicht schwergemacht. Er kam auf mich zu. Auch über diesen Friedensschluss bin ich froh.

*

Finde die geheimen Träume deiner Mitmenschen heraus! Hilf ihnen, ihre Träume zu verwirklichen!

⋆

Lerne zu führen! Menschen mit niedriger Qualifikation und Motivation musst du straff führen. Menschen mit hoher Qualifikation und Motivation musst du weitgehend machen lassen. Und nur von Zeit zu Zeit kontrollieren. Das allerdings ist unverzichtbar.

⋆

Lerne, klar und präzise zu sprechen! Höre dir nicht selber zu! Beende deine Rede, solange noch alle zuhören! (Gracián)

⋆

Übertreibe nicht! Durch Übertreibung schwächst du die Wirkung deiner Worte.

⋆

Sei nicht eitel, ruhmsüchtig oder habgierig! Diese Untugenden wirken wie ein umgekehrtes Fernglas.

⋆

Gehe in wichtigen Fragen den Dingen auf den Grund! Du wirst oft Erstaunliches entdecken. Das Unrecht unserer Welt ist fast immer auf Unwahrheiten aufgebaut. Es lebt davon, dass sich kaum jemand bemüht, den Dingen auf den Grund zu gehen.

⋆

Schon als kleines Kind hatte ich einen unstillbaren Drang, die Wahrheit herauszufinden. Eine unendliche Neugier nach den echten Fakten. Vielleicht auch eine gewisse Freude am Abenteuer gefährlicher Situationen.

Wenn 1944 nachts in Hanau die Sirenen heulten, kam meine Stunde. Ich wusste, dass draußen in wenigen Minuten ein höllisches Spektakel beginnen würde. Die ersten US-Flugzeuge würden röhrend am Himmel auftauchen. Die deutsche Flugabwehr würde versuchen, sie mit ihren Scheinwerfern zu erfassen. Dann würde sie wild mit ihren Geschützen auf die gesichteten oder erahnten Flugzeuge feuern. Gleichzeitig würden die ersten Bomben in Hanau einschlagen. Ich ahnte nichts von dem unsäglichen Leid, das dieses optische und akustische Höllenspektakel anrichtete. Ich wusste nur, dass ich es sehen musste.

So auch am 19. März 1945. Als die Sirenen ihr schauriges Lied anstimmten, sprangen meine Großeltern und meine Mutter aus ihren Betten, um uns Kinder in den Keller zu scheuchen. Ich nutzte die allgemeine Aufregung, um auszubüchsen. Fröstelnd kletterte ich über den Zaun unseres Gartens in der Burgallee. Unser kleines Haus lag am Rand der Stadt direkt neben zwei Getreidefeldern.

Dort kauerte ich mich in einen kleinen Feldgraben. Gebannt beobachtete ich das nächtliche Feuerwerk. Ich wartete, dass irgendwann versprengte Bomben oder Granaten in der Nähe einschlagen würden.

Der Geruch von feuchter Erde und verwelktem Gras wurde zunehmend vom Schwefelgeruch der deutschen Flakgeschütze überlagert, die nicht weit von mir ihre

Munition in den Himmel ballerten. In der Ferne hörte ich die erst zornigen, dann immer ängstlicher klingenden Rufe meiner Mutter. Sie hatte bemerkt, dass ich wieder einmal ausgerissen war.

Plötzlich schlug etwa hundert Meter von mir entfernt auf dem Feld eine Bombe ein. Ich rannte los. Außer Atem kam ich an dem frischen Bombentrichter an und begann, die Umgebung sorgfältig nach Splittern abzusuchen. Ich wurde schnell fündig. Vor mir lag ein etwa zwanzig Zentimeter breiter Bombensplitter. Er war noch warm. Schnell steckte ich ihn unter mein Hemd und rannte zu unserem Haus zurück.

Als ich die Burgallee, die zum Stadtzentrum führte, wieder einsehen konnte, bot sich ein unglaubliches Bild. Über Hanau regnete es Feuer. Als hätte die Hölle ihre Schleusen geöffnet und schüttete ihre Glut über die Stadt. Große Teile Hanaus standen in Flammen. In der Ferne sah ich brennende Menschen, die sich auf den Boden und in Straßengräben warfen, um die Flammen zu ersticken. Doch das Feuer klebte an ihnen wie Pech. Es fraß sich unerbittlich in sie hinein. Der Teufel bediente sich in diesem Krieg nicht nur der Deutschen.

Wieder hörte ich, wie meine Mutter, die in Richtung der brennenden Häuser gelaufen war, verzweifelt meinen Namen in die Nacht hinausschrie. Sie glaubte, ich sei in der Nähe des Feuerregens, und vermutete mich in höchster Gefahr. Mir war klar, ich musste nach Hause.

Auf Zehenspitzen schlich ich um unser Haus und kletterte über den Zaun. Vorsichtig ging ich zu dem alten Schuppen, in dem mein Großvater seine Gartengeräte aufbewahrte. Unter einem Stapel von Fahrradersatzteilen lag gut versteckt ein kleiner Karton. In ihm befand sich mein größter Schatz. Fünf große und kleine Bomben- und Granatsplitter, die ich bei meinen nächtlichen Ausflügen zusammengetragen hatte. Sie waren alles, was ich besaß. Sorgfältig legte ich den neuen Bombensplitter dazu und versteckte den Karton wieder tief unter den Fahrradersatzteilen.

Dann ging ich leise in unser verdunkeltes Haus zurück. Ich legte mich neben meine Schwester und meinen kleinen Bruder, schloss die Augen und stellte mich schlafend. Nur tiefer Schlaf konnte mich jetzt vor einer Tracht Prügel retten.

Oben hörte ich die verzweifelte Stimme meiner Mutter und die meiner Großmutter, die sie zu beruhigen suchte. Zusammen mit meinem Großvater beschlossen sie, gemeinsam noch einmal die Umgebung nach mir abzusuchen.

Vorher aber wollte sich meine Großmutter vergewissern, dass wenigstens meine beiden Geschwister schliefen. Als sie dabei auch mich sah, stürzte sie die Treppe nach oben und rief: »Edith, Edith, er ist da. Der Lümmel ist da!«

Ich hörte, wie meine Mutter laut aufschluchzte, und schwor mir, zumindest in nächster Zeit bei Bombenangriffen nicht mehr auszubüchsen. Schließlich kam meine Mutter nach unten und legte sich weinend neben mich. Ich hörte noch, wie oben mein Großvater sagte, er hoffe, dass alles bald vorbei sei.

Das dachte ich auch. Aber wir beide meinten etwas völlig Verschiedenes. Er sprach über diesen schrecklichen Krieg, der allein in dieser Nacht in Hanau über zweitausend Menschen das Leben gekostet hatte. Ich aber hoffte, dass die immer noch über mir schwebende Gefahr einer kräftigen Tracht Prügel endlich vorübergehe.

Dann schlief ich ein. Ich träumte von einer Welt, in der Ausreißer nicht bestraft werden, sondern nach ihrer Rückkehr für ihre Tapferkeit bei der Suche nach der Wahrheit mit warmen Granatsplittern belohnt würden.

*

Höre in wichtigen Streitfragen immer beide Seiten an! Dein Leben wird sonst eine Kette schlimmer Fehlurteile.

*

In meiner kurzen Zeit als Strafrichter am Landgericht Kaiserslautern hatte ich nach Lektüre der Akten der Staatsanwaltschaft oft den Eindruck, einen richtig schweren Jungen vor mir zu haben. Einen, der das volle Strafmaß verdiente. Nach der Lektüre des Schriftsatzes der Verteidigung aber dachte ich manchmal sogar über Freispruch oder eine besonders milde Strafe nach. In der Hauptverhandlung zeigte sich meist, dass die Wahrheit in der Mitte lag.

Für die Politik gilt nichts anderes. Einer der Hauptgründe der tragischen Irrtümer des Westens gegenüber Afghanistan und dem Irak bestand darin, dass die oberste Führung beider Seiten zu Kriegsbeginn keinerlei Kontakt zueinander hatte. Ähnliches gilt für den Irankonflikt oder den Palästinakonflikt. Während die muslimische Welt den Westen meist recht gut kennt, ist unsere Unkenntnis der anderen Seite erschreckend.

Diese Ignoranz ist noch gefährlicher als Boshaftigkeit. Weil sie sich moralisch im Recht fühlt.

Nach meinen Erfahrungen als junger Richter machte ich es mir zur Regel, wann immer möglich, selbst in die umstrittenen Länder zu reisen und beide Seiten anzuhören. Ich flog nach Angola, Mosambik und Rhodesien und erfuhr vor Ort in Gesprächen mit Weißen und Schwarzen von Massakern der Kolonialherren. Aber auch von Terrorakten der Freiheitskämpfer. Ich verbrachte eine halbe Nacht mit Ramon Castro, dem Bruder Fidel Castros, auf dessen Musterfarm bei Rotwein und selbstgemachtem Käse. Wir sprachen über seinen Traum vom menschlichen Kommunismus. Von kubanischen Ärzten erfuhr ich, dass der Kommunismus seines Bruders leider nur gegenüber kommunistischen Parteikadern menschlich war.

Das Gespräch mit beiden Seiten war nicht immer einfach. In Südafrika bat ich die weiße Regierung, den inhaftierten Nelson Mandela besuchen zu dürfen. Meine Bitte wurde kühl abgelehnt. Damit war ich bei den Weißen schon durchgefallen. Aber auch Mandelas Partei, der Afrikanische Nationalkongress, ANC, weigerte sich, mit mir zu sprechen.

Als ich schließlich dem damaligen weißen Präsidenten Südafrikas Vorster erklärte, langfristig habe die Apartheid keine Chance, sprang dieser wütend auf und wollte das Gespräch beenden. Ich hatte mich wieder einmal zwischen alle Stühle gesetzt. Ein Mitglied der deutschen Botschaft hat den Augenblick, als Vorster aufsprang, auf einem Foto festgehalten. Vorsters Empörung und mein an ein Unschuldslamm erinnernder Blick haben etwas sehr Komisches.

Natürlich war ich auch mehrfach in der Sowjetunion, obwohl deren Führung mir nach meinem ersten Afghanistan-Marsch angedroht hatte, sie werde mich, sobald sie mich erwische, »auspeitschen und erschießen lassen«. Nach einem freundlichen »Hier bin ich« konnte ich trotzdem konstruktive Gespräche führen.

Im Iran war ich ebenfalls mehrfach. Hier hielt ich 2008 an der Diplomatenschule von Teheran die wahrscheinlich regierungskritischste Rede, die jemals ein Westler im Land der Ayatollahs gehalten hat. Ich wurde trotzdem von Regierungsmitgliedern und Religionsführern empfangen. Nur Großayatollah Abdullah Javadi-Amoli brach das Gespräch mit mir ab, weil er keine Lust hatte, sich meine Kritik an Ahmadinedschad anzuhören. Ich sprach auch mit Konkurrenten des iranischen Präsidenten wie dem Präsidentschaftskandidaten Mahdi Karrubi. Und immer lernte ich dazu.

Viele meiner Reisen haben mich tief deprimiert. Vor allem die in den Irak und nach Afghanistan. Wir werden das Unheil, das wir dort angerichtet haben, nie wiedergutmachen können. Unsere Unwissenheit hat die Träume Hunderttausender Menschen zerstört. Nie habe ich traurigere Kinderaugen gesehen als in diesen beiden Ländern.

Am häufigsten war ich in den USA. Hier fand ich überall offene Türen. Die amerikanische Regierung ließ mich viele ihrer Nuklearwaffen-Anlagen besichtigen. Die Kommandomaschine des Präsidenten, das rote Telefon, Atom-U-Boote, Flugzeugträger, Marschflugkörper und so weiter. Mein damaliger Freund Richard Perle skizzierte mir bereitwillig die Grundzüge der geheimen Zielplanung der strategischen Nuklearwaffen der USA auf ein Blatt Papier.

Das führte allerdings im Unterausschuss für Abrüstung und Rüstungskontrolle zu heftigen Konflikten. Mir dämmerte ab jenem Zeitpunkt, dass die auch zivile Ziele berührende Interkontinental-Strategie der USA dem Völkerrecht widersprach. Plötzlich hatten wir im Rüstungskontrollausschuss dramatische Debatten, in denen sich die Fronten verkehrten. Ich stellte die Völkerrechtmäßigkeit der geltenden Nuklearstrategien grundsätzlich infrage. Und das auf dem Höhepunkt der Nachrüstungsdiskussion. Mein Stellvertreter als Obmann, der CSU-Kollege Hans Graf Huyn, sprach mir nach einer dieser Sitzungen seine tief empfundene Missbilligung aus.

Ich habe mich trotzdem für die Nachrüstung ausgesprochen. Helmut Schmidt hat Recht, wenn er sagt, Deutschland und der Westen hatten damals keine andere Chance. Aber mir war klar, dass wir bald aus dem gesamten nuklearen Wahnsinn aussteigen mussten.

⋆

Überprüfe deine Feindbilder!

⋆

Für viele Deutsche und Amerikaner sind alle Taliban Primitivterroristen, die die westliche Zivilisation in die Luft sprengen wollen, Schulen niederbrennen, Frauen schlagen und schwer verletzen sowie Schulmädchen Säure ins Gesicht spritzen.

Kaum jemand bei uns weiß, dass Männer, die ihre Frauen schlagen oder Schulen niederbrennen, auch von

Afghanen verachtet werden. Selbst von der Führung der afghanischen Taliban. Dass es gravierende Unterschiede zwischen afghanischen und pakistanischen Taliban gibt. Und dass kein einziger Talib an den Terroranschlägen von 9/11 beteiligt war. Wir empören uns – wie fast alle Afghanen – zu Recht über die Verstümmelung der neunzehnjährigen Bibi Aisha. Das amerikanische Nachrichtenmagazin »Time« widmete ihr eine Titelseite. Doch die vielen tausend durch US-Bomben entstellten afghanischen Kinder waren »Time« noch nie einen Titel wert.

Auch umgekehrt gibt es Vorurteile. Für viele Afghanen sind alle Amerikaner Kriegstreiber, die überall, wo es Öl gibt, Lügenkriege führen, Zivilisten zu Tode bomben, Muslime in Käfige sperren, foltern und sexuell demütigen. Auch in Afghanistan wissen die wenigsten Menschen, wie entschieden derartige Menschenrechtsverletzungen von der amerikanischen Bevölkerung verurteilt werden.

So pflegt jede Seite ihre Feindbilder. Diesen Teufelskreis müssen wir durchbrechen. Durch politische Gespräche auch mit unseren Feinden, durch Unterricht über fremde Kulturen an unseren Schulen, durch Schüleraustausch und durch eine objektivere Berichterstattung der Medien. Jeder kann hierzu einen Beitrag leisten. Auch Journalisten, indem sie noch häufiger nicht »embedded«, ohne Militärbegleitung, durch Krisengebiete reisen.

Da ich Dämonisierungskampagnen spätestens seit dem Irakkrieg misstraue, versuchte ich, mit aktiven Taliban-Kommandeuren ins Gespräch zu kommen. Das war erheblich komplizierter als die Gespräche mit früheren Talibangrößen, wie dem ehemaligen Außenminister der Taliban, Motawakil, oder dem einstigen Taliban-Botschafter in Pakistan, Zaeef. Die hatte ich schon 2008 besucht und dabei viel erfahren.

Erst nach über einem Jahr Vorbereitung stimmte Mullah Nasrat, Sprecher der afghanischen Taliban für die umkämpften Provinzen Nangarhar, Laghman und Kunar, einem Treffen zu. Das Gespräch fand im August 2009 in einem Lehmhaus in der Nähe von Jalalabad statt.

Zusammen mit meinem Übersetzer wurde ich in einen weiß gekalkten, spartanisch eingerichteten Gästeraum geführt. Nach zehn Minuten tauchte im Türrahmen ein vermummter Talib mit einer Kalaschnikow auf. Prüfend glitten seine Augen durch den Raum. Dann gab er mit seiner Maschinenpistole ein Zeichen Richtung Hof.

Wenige Sekunden später betrat, unvermummt, ein drahtiger Mann mit schmalem Gesicht und kurzgeschnittenem schwarzem Bart den Raum. Er schaute mich einige Sekunden prüfend an und setzte sich dann wie selbstverständlich neben mich. Seine einzige Waffe war ein altes Nokia-Handy. Immer wieder blickte er wie Gefahr witterndes Wild zur Tür. Für die Ergreifung oder Tötung von Talibanführern wie Mullah Nasrat geben die USA jährlich Unsummen aus.

Wie wir später erfuhren, hatten achtundzwanzig seiner Kämpfer an unterschiedlichen Stellen des Dorfes Stellung bezogen, um das Treffen abzusichern. Mullah Nasrat hatte noch nie einem Westler ein Interview gegeben. Auch mit afghanischen oder pakistanischen Journalisten sprach er stets nur über Telefon.

Mullah Nasrat erzählte, er habe sich dem Widerstand angeschlossen, als eines Nachts US-Soldaten in sein Dorf eingefallen seien, Frauengemächer durchsucht und wahllos Männer verhaftet hätten. Die säßen noch immer im Gefängnis. Ohne Anklage. Die USA hätten inzwischen über zehntausend unschuldige Afghanen umgebracht. Auch viele Kinder. Sie hätten den Koran entweiht und auf ihm uriniert. Irgendwann habe er das nicht mehr ertragen.

Der Westen nenne alle Widerstandskämpfer Taliban. Aber es gebe völlig unterschiedliche Arten von Widerstandskämpfern. Die stärkste Widerstandsgruppe seien die afghanischen Taliban, denen er angehöre.

Sie hätten in den letzten Jahren dazugelernt und sich »modernisiert«. So seien sie längst bereit, dem Schulbesuch von Mädchen zuzustimmen. In einigen von ihnen beherrschten Regionen gebe es schon jetzt Mädchenschulen.

Die afghanischen Taliban griffen nur ausländische Streitkräfte an, aber keine Zivilisten, auch keine ausländischen Nichtregierungs-Organisationen. Mullah Omar habe das ausdrücklich verboten. Sie seien Freiheitskämpfer, keine Terroristen.

Die meisten von ihnen seien arm und könnten sich im Winter nicht einmal Schuhe kaufen. Ich sah, dass der vermummte Talib am Türrahmen fast die gleichen Turnschuhe trug wie ich. Aber seine waren zerrissene Imitate, die nur noch durch Schnürsenkel zusammengehalten wurden.

Die zweite Gruppe seien die aus den Stammesgebieten an der Grenze kommenden pakistanischen Taliban. Sie seien viel radikaler als die afghanischen Taliban und bekämpften diese teilweise rabiat. Sie töteten Zivilisten, zerstörten Schulen und griffen ausländische Organisationen an. Seine Leute versuchten, auf die pakistanischen Taliban Einfluss zu nehmen. Aber sie könnten nicht alles verhindern. Viele dieser Leute seien total verbohrt.

Die dritte Gruppe seien die von den USA finanzierten »amerikanischen« Taliban. Die USA engagierten arbeitslose Afghanen, um die echten Taliban zu unterwandern und auszuspähen. Mit bewusst sinnlosen, mörderischen Anschlägen gegen Zivilisten lieferten sie als bezahlte Provokateure den USA den Vorwand, in Afghanistan zu bleiben. Sie seien schwer zu identifizieren. Allerdings hätten sie oft mehr Geld, bessere Waffen und Fahrzeuge. Nach Festnahmen würden sie meist schnell freigelassen. Erst vor einigen Tagen seien zehn seiner Leute von gekauften »amerikanischen« Taliban getötet worden.

Als ich einwandte, dass das stark nach orientalischen Verschwörungstheorien klinge, schaute mich Mullah Nasrat prüfend an. Ob ich ein Land kennen würde, in dem die Besatzer nicht versucht hätten, den nationalen Widerstand durch Unterwanderung und Provokateure zu schwächen?

Selbstmordanschläge würden von den afghanischen Taliban nur akzeptiert, wenn sie sich direkt gegen die militärische Besatzung richteten und versuchten, zivile Opfer zu vermeiden. Die pakistanischen Taliban hätten derartige Skrupel leider nicht. Die »amerikanischen Taliban« erst recht nicht.

Als er spürte, dass ich seine Auffassung zu Selbstmord-Attentaten grundsätzlich nicht teilte, fragte er mich, wie sich die afghanischen Taliban denn gegen die amerikanischen Panzer, Bomben, Raketen und Drohnen wehren sollten. Mit ihren alten Kalaschnikows? Ihre einzige wirksame Waffe sei ihr Leben. Die US-Flugzeuge nähmen viel weniger Rücksicht auf zivile Opfer als die afghanischen Taliban. Wir kamen uns in dieser Frage nicht näher.

Inzwischen schien es im Dorf Schwierigkeiten zu geben. Mullah Nasrats Anwesenheit hatte sich offenbar über den Ort hinaus herumgesprochen. Seine Begleiter wurden zunehmend nervös. Der vermummte Talib im Türrahmen rief Mullah Nasrat mehrfach erregt etwas zu, bis dieser endlich aufsprang. Er schüttelte mir beide Hände. Wir sollten das Gespräch fortsetzen, sagte er. Irgendwann. Dann verschwand er, wie er gekommen war, einem Schatten gleich.

Auch wir mussten rasch aus dem Dorf. Irgendetwas braute sich zusammen. Schnell stiegen wir in unseren Wagen. Wenige Minuten nach unserer Abfahrt war hinter uns die Hölle los. Eine Straßenbombe zerfetzte den uns nachfolgenden Wagen und tötete drei Personen. Es gibt in Afghanistan eben nicht nur afghanische Taliban. Ich wage nicht, diesen Gedanken zu Ende zu denken.

Am Abend erreichte uns ein Anruf. Es war Mullah Nasrat. Er erkundigte sich, ob uns nichts passiert sei. Gastfreundlichkeit ist auch für die afghanischen Taliban eine heilige Pflicht.

★

Löse Konflikte durch Gespräche! Kommunikation baut Konflikte und Feindbilder ab. Nur wenige Konflikte überdauern ein gutes Gespräch.

★

Hier liegt eines der Hauptprobleme der westlichen Politik gegenüber der muslimischen Welt. So gibt es bis heute keine direkten Gespräche der US-Regierung mit der Regierung des Iran. Auch wenn sich das kaum jemand vorstellen kann. Nur auf unterer, nicht entscheidungsbefugter Ebene gibt es multilaterale Kontakte.

Durch Mittelspersonen überbrachte Angebote der iranischen Führung, notfalls vertraulich und sehr konkret mit der US-Regierung zu verhandeln, werden bewusst ignoriert. Obwohl die iranischen Vorschläge teilweise äußerst interessant sind. Ich kann es beurteilen. Ich habe – obwohl ich kein Freund der jetzigen iranischen Regierung bin – derartige Vorschläge der neuen US-Administration überbracht.

Auch zur Führung des irakischen oder afghanischen Widerstands und zur Hamas hat die US-Regierung keinen direkten Kontakt. Das ist unverantwortlich und unprofessionell. Aber es macht es leichter, Kriege zu führen, Sanktionen zu verhängen und Feindbilder zu pflegen. Statt Politik zu machen, spielen sich unsere Politiker als Kriegsherren auf.

Mein Fazit aus dem Chaos und dem Desaster, das unsere Ignoranz in der Welt angerichtet hat, lautet: Sprecht auch mit euren Feinden! Selbst der Falke Ronald Reagan war sich für ein Gespräch mit Feinden nie zu schade.

Es gibt ein Drehbuch, einen goldenen Schlüssel zur Lösung der Konflikte des Mittleren Ostens: eine Gewaltverzichtskonferenz für die gesamte Region. Eine solche Konferenz hat schon den noch gefährlicheren Konflikt des Westens mit der Sowjetunion entschärft. Die Initiative hierzu sollte von den USA ausgehen.

Konkret: Warum setzen sich die USA nicht für Gewaltverzichtsverträge des Iran mit seinen Nachbarn ein – einschließlich Israels? Warum versuchen sie nicht, in vertraulichen Verhandlungen einen bilateralen vertraglichen Verzicht des Iran auf Nuklearwaffen zu erreichen – gegen entsprechende amerikanische Sicherheitsgarantien? Iranische Signale, dass solche Verhandlungen erfolgreich sein könnten, gibt es längst.

Dass persönliche Gespräche auch schwierigste Konflikte lösen können, habe ich mehrfach selbst erlebt. Im September 1973 hatte sich General Augusto Pinochet in Chile gewaltsam an die Macht geputscht. Über zweitausend politische Gegner wurden getötet. Siebentausend Menschen wurden erst in das Stadion der Hauptstadt gesperrt, dann in dunklen Verließen weggeschlossen. Ihre Überlebenschancen waren gering.

Die Welt reagierte auf den Putsch mit Empörung und Boykottmaßnahmen. Politische Gespräche mit dem General wurden keine geführt. Niemand wollte in den Geruch kommen, Komplize der Militärjunta zu sein.

Da ich Anfang 1975 ohnehin eine Reise nach Lateinamerika vorhatte, beschloss ich, auch Pinochet zu treffen. Offizielles Gesprächsthema war die demokratische Zukunft Chiles, das traditionell eine starke christlich-demokratische Partei hat. Ich wollte mich jedoch vor allem für die Freilassung der vielen tausend politischen Gefangenen einsetzen.

Pinochet lud mich ein, die Ostertage mit ihm und seiner Familie in Punta Arenas, nahe Kap Hoorn, im Süden Chiles zu verbringen. Einige Wochen später saß ich am Karfreitag frühmorgens in einer Blockhütte dem General gegenüber. »Was wollen Sie?«, fragte er recht schroff mit seiner hohen, metallischen Stimme. Er war ein stattlicher, gepflegter Mann, aber seine durchdringende Stimme ließ ihn kalt und arrogant erscheinen. So hatte ich mir in meiner Jugend immer einen preußischen Offizier vorgestellt.

Ich erklärte ihm, dass ich vor allem wegen der politischen Gefangenen hier sei. Auch im Interesse seines Landes bäte ich um ihre Freilassung. »Abgelehnt«, antwortete er kühl. »Wie können Sie sich als Christdemokrat für marxistische Terroristen einsetzen?« Das seien schwerbewaffnete Kämpfer aus den umliegenden Ländern. Sie hätten versucht, in Chile einen Bürgerkrieg anzuzetteln. Wie einst in Kuba.

Dann erzählte er mir, wie sehr er Preußen verehre. Und wie tief er die »dekadenten Demokratien Europas« verachte. Denen gehe es nie um das Wohl des Volkes, sondern nur um Wahlerfolge. Es wurde ein langes, schwieriges Gespräch.

Ich erzählte ihm, dass im Wohnzimmer meines Vaters, über dem Schreibtisch, ein Bild Friedrich des Großen hänge. Soweit ich wisse, habe der »Alte Fritz« seine Feinde ehrenhaft und ritterlich behandelt. Er sei ein Mann der Toleranz gewesen. Schon deshalb müsse Pinochet die politischen Gefangenen freilassen. Außerdem sei das der einzige Weg, sein Land aus der internationalen Isolation herauszuführen.

Pinochet hörte mit unbewegter Miene zu. »Wir sprechen nachher weiter«, beendete er das Gespräch. Dann wandte er sich seiner Familie zu. Ich diskutierte mit seiner Begleitung und dem ebenfalls anwesenden Innenminister weiter.

Zwei Stunden später, nach dem Mittagessen, machten wir bei eisigem Wind einen langen Spaziergang. Er fragte mich wieder, warum ich mich ausgerechnet für Marxisten einsetzte. Solle er sein Land im Chaos und im Bürgerkrieg untergehen lassen? Dann schilderte er mir nochmals ausführlich, um welche finsteren Revolutionäre es sich bei den Festgenommenen handle.

Wieder argumentierte ich mit der Großmut Friedrichs des Großen. Das Gespräch drehte sich hoffnungslos im Kreis. Am Ende des zweistündigen Spaziergangs war ich völlig durchgefroren und hatte immer noch kein Ergebnis. Pinochet blieb dabei, er könne die »Feinde« Chiles nicht freilassen. Ich bat ihn fast leidenschaftlich, noch einmal darüber nachzudenken.

Kurz vor dem Abendessen kam er erneut zu mir. »Ich habe nachgedacht. Wir werden Ihre Freunde freilassen. Im Interesse unseres Landes.« Ich war völlig verblüfft. Nichts hatte dieses Ergebnis angedeutet. Zu kalt und abweisend war Pinochet in den beiden Gesprächen zuvor gewesen.

»Habe ich Ihr Wort als Offizier?«, fragte ich ihn. Pinochet bekam einen leicht roten Kopf. Er wollte lospoltern, weil ich seine Zusage infrage stellte. Doch dann sagte er relativ ruhig: »Sie haben mein Wort.«

Zum ersten Mal war seine Stimme nicht schneidend. Dann ging er in die Blockhütte zurück.

Noch in derselben Nacht flog ich mit einer Militärmaschine nach Santiago de Chile. Dort blieb ich einige Tage, um mich mit der Führung der chilenischen Christdemokraten auszutauschen.

In Deutschland erhielt ich wegen meiner Gespräche mit Pinochet vernichtende Kritiken. »Faschistenfreund« und vieles andere mehr wurde mir an den Kopf geworfen. Leider ließ sich die chilenische Regierung mit der Freilassung der Gefangenen viel Zeit. Ich schrieb freundliche Briefe an Pinochet und zornige an seinen Innenminister. Außerdem sprach ich zahllose Male mit der hilfsbereiten chilenischen Botschafterin in Deutschland. Immer wieder erinnerte ich Pinochet an sein Wort als Offizier. Als die SPD begann, die Richtigkeit meiner Angaben zu bezweifeln, bestätigte Pinochet wenigstens seine Zusage an mich auch öffentlich.

Irgendwann, nach langen Monaten, kamen die ersten Gefangenen frei. Wahrscheinlich weil sich auch andere Politiker und Menschenrechtsorganisationen für sie eingesetzt hatten.

Mein Schriftverkehr zur Freilassung der politischen Gefangenen Chiles umfasst mehrere Aktenordner. Er enthält nicht nur verzweifelte, sondern auch ermutigende Briefe. Sehr persönliche Dankschreiben der Freunde und Familien marxistischer Gefangener. Diese Briefe waren mir wichtiger als all die Kritik, die jahrelangen Sprechchöre und Transparente sowie das grauenvolle Image, das mir mein Besuch bei Pinochet eingebracht hatte.

*

Lerne zu warten! Viele Dinge erledigen sich von selbst. Wer die Zeit als Verbündeten hat, ist unschlagbar.

*

Ich war meist zu ungeduldig. Wenn ich ausnahmsweise geduldig war, hat es sich stets gelohnt. 1979 war ich in Somalia. Das Auswärtige Amt hatte für mich einen Termin mit dem damaligen Präsidenten Somalias, Siad Barre, arrangiert. In meiner Begleitung war der Afrika-Korrespondent der FAZ Günther Krabbe, einer der wenigen Kenner Afrikas, sowie ein Zwei-Mann-Team des ZDF.

Die Begegnung war gleich für den ersten Abend vorgesehen. Aber Barre war verhindert. Also gingen wir zu viert an den Strand von Mogadischu und aßen in der untergehenden Sonne Hummer. Der kostete in Somalia gerade einmal fünf Dollar.

Auch am nächsten Tag hatte Siad Barre keine Zeit. So aßen wir wieder unseren Strandhummer und genossen den prächtigen Sonnenuntergang. Siad Barre pflegte seine Gäste meist spätabends zu empfangen. Deshalb warteten wir Abend für Abend geduldig, bis gegen zweiundzwanzig Uhr sein Protokollchef erschien und berichtete, morgen sei es so weit. Doch Siad Barre ließ uns weiter warten.

Die ZDF-Kollegen wurden von Tag zu Tag unruhiger. Nur Günther Krabbe blieb ruhig. Er kannte Afrika, und so folgte ich ihm. Am sechsten Tag waren die Kollegen vom Deutschen Fernsehen so verärgert, dass sie uns telefonisch mitteilten, sie hätten die Nase voll. Sie würden heute Abend einen draufmachen. In Mogadischu gab es angeblich legendäre Nachtclubs.

Gegen zweiundzwanzig Uhr kam wie immer der Protokollchef, während wir gerade die Reste unseres Fünf-Dollar-Hummers verspeisten. »Der Präsident erwartet Sie in einer Stunde in seinem Palast«, erklärte er mit der gleichen Freundlichkeit, mit der er Siad Barre jeden Abend entschuldigt hatte. Wir baten ihn dringend, die ZDF-Kollegen in den Nachtclubs von Mogadischu suchen zu lassen. Sie hätten schließlich auch tagelang gewartet. Er versprach, alles zu versuchen. Aber er hatte keinen Erfolg.

Kurz nach elf Uhr nachts saßen Krabbe und ich bei Barre und diskutierten mit ihm mehr als vier Stunden lang über Gott und die Welt.

Am frühen Morgen geleitete uns der Protokollchef zu unserem Wagen. Er berichtete, seine Leute hätten alle Nachtclubs der Stadt durchkämmt – ohne Ergebnis. »Die Frauen von Mogadischu sind sehr schön«, sagte er geheimnisvoll lächelnd. »Danke, dass Sie so geduldig gewartet haben.« Die Tobsuchtsanfälle der TV-Kollegen am kommenden Tag brauche ich nicht zu schildern.

*

Lerne, in aufgewühlten Situationen die Dinge ruhen zu lassen! Das durch einen Stein getrübte Wasser wird nicht klarer, wenn du den Stein herausholst, sondern nur, wenn du es eine Weile sich selbst überlässt (nach Gracián).

★

Überprüfe die Botschaft deiner Gefühle und deiner Instinkte mit der Ratio, der Vernunft! Große Entscheidungen sollten mit Herz und Verstand getroffen werden. Auf seine innere Stimme hören, heißt nicht, jeder Stimmung und Laune nachgeben.

Überlege dir, was du wirklich willst und kannst! Wenn du alles durchdacht und ein sicheres Gefühl hast, handle zügig und entschlossen!

★

Überschätze die Großen dieser Welt nicht! Ich habe keinen getroffen, der ohne Schwächen war.

★

Ich war als Politiker und auch als Manager nur ein durchschnittlicher Redner. Anders als Brandt, Kiesinger oder Strauß gelang es mir nur selten, einen Saal zum Kochen zu bringen. Wenn Kiesinger oder Strauß bei Wahlveranstaltungen neben mir standen oder saßen, kam ich überhaupt nicht in Fahrt. Obwohl auch sie nur mit Wasser kochten.

Kurt Georg Kiesinger, der aussah wie ein englischer Lord, hatte ich kennengelernt, als ich im Februar 1970 zu Heck kam. Kiesinger hatte im Jahr zuvor mit über sechsundvierzig Prozent die Bundestagswahl »verloren«, war aber noch Parteivorsitzender der CDU.

Auf dem Bundesparteitag der CDU in Düsseldorf

bat er mich eine Stunde vor seinem Auftritt vor fünfhundert Delegierten und Hunderten Journalisten in sein kleines Parteitagsbüro unter der Rednerbühne. Zusammen mit seinem Büroleiter Hans Neusel und seinem Wahlkreisbeauftragten Walter Werr sollte ich bei der Vorbereitung seiner Rede mithelfen.

Überrascht stellte ich fest, dass vor Kiesinger ein Stoß unbeschriebenen Papiers lag. Heck hatte monatelang an seiner Rede gefeilt. Aber König Silberzunge, Kurt Georg Kiesinger, fing erst eine Stunde vor Redebeginn mit der Vorbereitung an. Parteitage langweilten ihn. Er wusste auch nicht, worüber er reden sollte. »Ich werde über China sprechen«, beschloss er schließlich. Mit seiner großen schönen Schrift schrieb er auf das erste Blatt »China, China, China«.

Walter Werr, ein kleiner, rundlicher Mann Anfang fünfzig, der an Wilhelm Buschs Tobias Knopp erinnerte, schien nicht einverstanden. Er räusperte sich, holte tief Luft und warf ein, China sei zwar äußerst bedeutsam. Doch darüber habe Kiesinger schon auf dem Parteitag in Dortmund gesprochen. Die Delegierten warteten diesmal auf ein Wort ihres Parteivorsitzenden zum Thema Kindergeld. »Kindergeld, Kindergeld, Kindergeld, das ist das Thema der Stunde, Herr Bundeskanzler«, hielt er Kiesinger mit leicht gerötetem Gesicht entgegen. »Eine Prise Kindergeld, das wäre das Salz in der Suppe Ihrer weltpolitischen Rede.«

Kiesinger schaute ihn wütend an: »Da draußen sitzt die Weltpresse, und ich soll über Kindergeld sprechen? Werr, Sie sind ein Narr.« Dabei rollte er die R's Werrs so lange, dass sie im Raum zu schweben schienen.

Jemand brachte Schinken- und Käsebrötchen herein. Jeder nahm eins, nur Kiesinger schrieb gerade. Mit einem kurzen Blick in die Runde stellte er jedoch fest, dass nur noch ein Käsebrötchen übrig war. Werr hatte sich das letzte Schinkenbrötchen genommen. »Jetzt isst er mir auch noch mein Schinkenbrötchen weg«, fauchte Kiesinger und nahm Werr die Semmel aus der Hand. Resigniert griff der zum übrig gebliebenen Käsebrötchen.

Nach einer Stunde bekamen wir ein Zeichen. Es war soweit. König Silberzunge packte seine spärlichen Notizen zusammen. Werr ergriff tapfer noch einmal das Wort. »Herr Bundeskanzler, ungeachtet Ihrer bedenkenswerten Einwände bitte ich, das Thema Kindergeld nicht zu vergessen.« Doch Kiesinger würdigte ihn keines Blickes mehr und schritt durch die engen Gänge über schmale Treppen nach oben. Auf der Rednerbühne brandete ihm lauter Beifall entgegen.

Kiesinger hielt wie immer eine grandiose Rede. Über die Sowjetunion, auch über China – aber vor allem über Kindergeld. Da er bei diesem Thema den stärksten Beifall bekam, weidete er es kräftig aus und machte es zum Hauptgegenstand seiner Rede. Danach nahm er wie ein römischer Imperator gnädig die Ovationen entgegen.

Beim anschließenden »Tagesschau«-Interview stand der kleine dicke Werr neben seinem großen Ex-Kanzler. Während dieser mit todernstem Blick über die dramatische Lage des Kindergelds in Deutschland sprach, strahlte Werr selig in die Kameras. Je länger das Interview ging, umso weiter schob er sich ins Bild, so dass Kiesinger am Ende fast über Werrs Schulter sprechen musste. Als Kiesinger in den Abendnachrichten sah, wie weit sich Werr vor ihn geschoben hatte, schnaubte er vor Wut und ließ nach ihm suchen.

Doch Werr saß unauffindbar bei uns vor einer kräftigen Schweinshaxe. Er strahlte noch immer über sein rundes, glänzendes Gesicht. »Ich sage nur Kindergeld, Kindergeld, Kindergeld«, zitierte er sich voller Stolz und prustete vor Lachen. Er wusste, morgen würde Kiesingers Zorn verraucht sein. Er hatte ihn ja gut beraten.

*

Lerne von anderen Menschen! Jeder hat irgendeine herausragende Eigenschaft – auch der einfachste Mensch.
Höre auf die sogenannten kleinen Leute!

*

Die einfachen, »kleinen Leute« waren immer meine wichtigsten Ratgeber und meine besten Freunde. Selbst in meiner Zeit als Medienmanager. Die schönsten Augenblicke in meiner Burda-Zeit waren die mit meinen Offenburger Fußballkumpeln. Ich entwarf für unsere Mannschaft sogar ein Liederbuch mit zünftigen Volks- und Schunkel-Liedern, die wir nach unseren Siegen fröhlich schmetterten.

Wenn wir gegen das Offenburger Finanzamt gewonnen hatten, lautete unser Lieblingslied: »Ja, im Wald da sind die Räuber, haili, haila die Räuber.« Auch die Finanzbeamten sangen säuerlich mit. Sie mussten ja auch Steuern zahlen. Außerdem gewannen wir unklugerweise die meisten Spiele gegen das Finanzamt viel zu hoch.

Meine Freunde vom Burda-Sportclub sorgten dafür, dass ich möglichst häufig Torschützenkönig wurde. Eine dienstliche Weisung, mir nach Umspielen des gegnerischen Torwarts den Ball abzugeben, gab es nicht. Auch wenn einige Führungskräfte dies behaupteten. Ich bekam gute Flanken und verwertete diese ziemlich treffsicher. Allerdings gab es gelegentlich Freibier, wenn ich mehrere Tore geschossen hatte. Das war eine Belohnung, keine Bestechung.

Bei unseren kampfbetonten Fußballspielen wurde ich stets aufs Neue »geerdet«. Auf dem Platz war ich nie der Chef. Und unter der Dusche sah ich auch nicht eindrucksvoller aus als die durchtrainierten Kollegen aus dem Tiefdruck. Wie gerne würde ich noch einmal mit ihnen zusammen spielen – am liebsten gegen das Finanzamt. Oder gegen das »Offenburger Tagblatt«. Gegen die haben wir meist auch gewonnen. Oder gegen die Bundesanwälte aus Karlsruhe. Sie waren unsere härtesten, aber auch fairsten Gegner.

In meinem Wahlkreis Tübingen war der Malermeister Nill mein wichtigster und treuester Freund. Er ging für mich durchs Feuer. Bei Großveranstaltungen stellte er sich direkt neben das Saalmikrofon. Oder er holte es gleich an seinen Sitzplatz.

Sobald ich auch nur etwas einigermaßen Gescheites sagte, applaudierte er mit seinen riesigen Händen so laut und donnerte mit seiner mächtigen Stimme ein derart unüberhörbares Bravo ins Mikrofon, dass der Saal erschrocken zu klatschen begann. Selbst wenn der eine oder andere gerade nicht richtig zugehört hatte. Wer will schon die besten Passagen einer Rede verpassen?

Seine kritischen Anmerkungen machte er dann auf dem Heimweg unter vier Augen. Viel leiser, aber genauso bestimmt.

In Kaiserslautern war es vor allem Theo Weimer, mein Ortsvorsteher, der mir mit Rat und Tat zur Seite stand. Unzählige Stunden haben wir privat zusammen verbracht. Unser Lieblingsspiel war »Mensch, ärgere dich nicht«. Theo konnte sich so wunderbar ärgern, wenn man nur ein wenig mogelte. Und ich mogelte viel. Trotzdem half er mir aus jeder Patsche heraus.

Als Wildschweine den sorgfältig gehegten Minirasen unseres Mölschbacher Mietshauses mehrfach nachts zerstörten, organisierte er über seinen Freund, den Landesforstmeister Postel, eine großflächige Treibjagd der regionalen Förster und Jäger. Ich durfte als »Edeltreiber« teilnehmen. Doch die Jagd blieb erfolglos. Die Wildschweine hatten sich offenbar in dem riesigen Ginsterfeld versteckt, das unseren kleinen Rasen umschloss.

Daraufhin begab sich Theo Weimer selbst auf die Jagd. Als er die Wildschweine eines Nachts in Richtung meines Gartens traben sah, schnappte er sich einen hinterherzottelnden Frischling. Mit dem strampelnden, kreischenden Tier im Arm versuchte er, sich in sein Haus zu retten. Wahrscheinlich sah er das Ferkel schon im nächsten Leberwurstbottich. Aber er hatte die Rechnung ohne die Bachen gemacht. Die machten kehrt und stürmten hinter ihm her. Kurz vor der Haustür musste Theo den Frischling loslassen. Er konnte froh sein, dass er die Tür noch hinter sich zuschlagen konnte.

Wieder durchpflügten die Wildschweine meinen

mühsam zusammengeflickten kleinen Rasen. Wir versuchten es mit chemischen Mitteln, mit Teer getränkten Lappen, Knallkörpern, Wachposten – alles ohne Erfolg. Doch plötzlich, von einem Tag zum andern, war Ruhe. Die Wildschweine betraten nie mehr mein Grundstück. Was war geschehen?

Bei Pfälzer »Krimmelkuche«, Streuselkuchen, fragte ich eines Sonntagnachmittags Theos Frau Rosel, die bei diesem Thema immer verschmitzt gelächelt hatte. Als ihr Mann kurz rausging, sagte sie lachend: »Ich honn soi Socke in de Ginschder geleet.«

Als kurz darauf die große Pfälzer Zeitung »Rheinpfalz« berichtete, es gebe mit Theo Weimers Socken offenbar erstmals ein wirksames Mittel gegen die Wildschweinplage in Rheinland-Pfalz, gingen bei diesem schriftlich und telefonisch zahlreiche Anfragen nach seinen Socken ein. Theo explodierte. Er kündigte mir brüllend die Freundschaft und erklärte, dass die Leberwurst für mich ab sofort 20 Mark koste.

Es dauerte eine ganze Woche, bis er sich beruhigt hatte und wir das erste Mal wieder »Mensch, ärgere dich nicht« spielen konnten.

*

Sei leidenschaftlich, aber lerne, deine Leidenschaften am Zügel zu führen!

Gerate nie aus der Fassung! Bevor du ausziehst, die Welt zu beherrschen, lerne, dich selbst zu beherrschen! Lege den »asiatischen Gang« ein, wenn der Zorn dich zu überwältigen droht.

Eine Minute Wut kann mehr zerstören, als du in tausend Tagen harter Arbeit aufbauen kannst (nach einem japanischen Sprichwort). Verschiebe notfalls deine Antwort um einen Tag!

Triff im Zorn keine Entscheidung!

★

Ich habe einige Male in meinem Leben die Fassung verloren und dabei viel kaputt gemacht. 1972 wurde ich über die Landesliste Rheinland-Pfalz in den Bundestag gewählt. Man hatte mich auf den prominenten fünften Platz gesetzt. Obwohl ich erst seit zwei Jahren Mitglied der CDU war und noch nie ein politisches Amt innegehabt hatte, in dem ich mich bewähren konnte.

Durch diesen hervorragenden Listenplatz hinter Richard von Weizsäcker, Elmar Pieroth, Georg Gölter und Norbert Blüm war schon vor der Wahl sicher, dass ich in den Bundestag einziehen würde. Unter demokratischen Gesichtspunkten war und ist diese Landeslisten-Kungelei problematisch. Damals hat mich das nicht gestört. In den folgenden vier Jahren versuchte ich, den Vertrauensvorschuss der rheinland-pfälzischen CDU durch harte Arbeit zu rechtfertigen. Es wurden meine erfolgreichsten Abgeordnetenjahre.

Zu meiner Überraschung teilte mir Kohl einige Wochen vor der Kandidatenaufstellung für die Bundestagswahl 1976 mit, dass dieses Mal nur Platz sieben für mich vorgesehen sei. Ich hätte dort zwar einen Gegenkandidaten – den späteren Landesvorsitzenden

Johannes Gerster –, aber gegen den würde ich gewinnen. Weiter vorne gebe es keinen Platz. Er müsse als Kanzlerkandidat schließlich auch in den Bundestag.

Außerdem hätten die »katholischen Prälaten« interveniert und gefordert, die katholische Kollegin Roswitha Verhülsdonk auf Platz sechs zu setzen. Anschließend erklärte er mir ausführlich, wie schwer das Leben eines Landesvorsitzenden sei.

Ich war wie vom Blitz getroffen. Noch nie in meinem Leben hatte ich härter und erfolgreicher gearbeitet als in den vergangenen dreieinhalb Jahren. Dafür wurde ich nun auf den wackligen und auch noch umkämpften siebten Platz zurückversetzt. Er führte nur dann in den Bundestag, wenn die CDU Rheinland-Pfalz schlecht abschnitt und mehrere Direktmandate verlor.

Von Roswitha Verhülsdonk war nur bekannt, dass sie guten Kaffee kochte und nie zu einer kontroversen Frage Stellung bezog. Ihr Lieblingssatz lautete: »Will noch jemand Kaffee?« Obwohl sie eine patente und – wie ihr späterer Weg zeigte – auch kluge Frau war, fand ich diesen Plätzetausch unfair. So wie manch einer vier Jahre zuvor meinen sicheren fünften Platz als ungerecht empfunden haben mochte.

Am Tag der Aufstellung der Landesliste durch den CDU-Parteiausschuss versuchte mich mein damaliger Bezirksvorsitzender Bernd Vogel weich zu kneten. Er bat mich, auf eine Kampfkandidatur gegen Frau Verhülsdonk um Platz sechs zu verzichten. Das sei aussichtslos. Die Delegierten würden sich alle an die Absprachen ihrer Bezirksvorsitzenden halten. Obwohl ich innerlich tief verletzt war, erklärte ich ihm freundlich,

ich würde nur für Platz sechs kandidieren. Für sonst gar nichts. Resigniert wandte sich Vogel ab.

Natürlich verlor ich die Abstimmung um Platz sechs haushoch. Bezirksvorsitzende sind mächtige Männer. Als das Wahlergebnis bekanntgegeben wurde, ging ich nach vorne zu Vogel, der die Versammlung leitete, und zog meine Kandidatur für alle weiteren Listenplätze zurück. Vogel merkte, dass ich nur äußerlich gelassen war, im Innern aber kochte. Er zischte, ich sei offenbar verrückt geworden. Doch ich wiederholte ruhig: »Ich bin nicht mehr Kandidat.« Mit zusammengekniffenen Lippen machte sich Vogel eine Notiz, während ich den Saal verließ.

Als ich in der Garderobe meinen Mantel anzog, stürzten die Delegierten meines Wahlkreises auf mich zu. Sie hatten von meinem Verzicht erfahren und versuchten, mich mit allen Mitteln umzustimmen. Die Auseinandersetzung war heftig, laut und fast handgreiflich. Aber ich war über die Listen-Mauscheleien so enttäuscht und erbost, dass ich keine Lust mehr hatte mitzuspielen. Wenn das Demokratie war, dann musste diese ohne mich auskommen. Das schien ihr ja nicht schwerzufallen. Außerdem hatte ich mein Abgeordnetendasein nie als Auszeichnung verstanden, die jeden Preis wert wäre.

Ich schlug den Mantelkragen hoch und schritt zum Ausgang. Meine Kaiserslauterer Freunde stapften enttäuscht zum Saal zurück. Durch die sich öffnende Tür hörte ich noch, wie Bernd Vogel unter heftigem Applaus erklärte: »Gewählt auf Platz sieben ist mit überwältigender Mehrheit Jürgen Todenhöfer.« Mir blieb die Luft weg. Ich hatte bei der Kampfabstimmung doch gar nicht kandidiert! Vogel hatte meinen Verzicht offenbar nicht bekanntgegeben. Ich war gewählt, ohne kandidiert zu haben.

Ich ging sofort zum Saal zurück, um das Missverständnis aufzuklären. Aber ich war chancenlos. Meine Freunde aus Kaiserslautern ließen mich nicht mehr in den Saal. »Gewählt ist gewählt«, meinten sie.

Während ich deprimiert nur noch wegwollte, legte plötzlich jemand seine schwielige Hand auf meine Schulter. Es war Werner Weiß, »der Löwe der Westpfalz«, mein Kreisvorsitzender aus Kaiserslautern-Land. »Ich wees, dir stinkt das gewaltig«, sagte er mit seiner tiefen Stimme. »Du musch noch viel lerne. Du musch lerne, Dreck ze fresse, wenn du weiterkomme willsch.« Ich antwortete leise: »Werner, das weiß ich. Aber es gibt einen Dreck, den ich nie fressen werde. Das ist der Dreck, der klein und billig macht. Der einen verbiegt.« »Alla«, sagte Werner Weiß, »das lernsch du a noch.«

Ich habe es nie gelernt, weil ich es nie lernen wollte. Deshalb bin ich nie ein guter Politiker geworden. Ich wurde zwar wieder in den Bundestag gewählt, weil Kohl die Wahl verlor und mein schlechter Listenplatz »zog«. Aber ich war auch später unfähig, mich an jenen parteipolitischen Strippenziehereien zu beteiligen, die man für den politischen Erfolg offensichtlich braucht. Außerdem langweilte mich das.

Immerhin hatte ich etwas erreicht: Ich bin wahrscheinlich der einzige deutsche Abgeordnete, der in den Deutschen Bundestag gewählt wurde, ohne kandidiert zu haben. Nach einer »Kampfabstimmung«, zu der ich gar nicht angetreten war.

⋆

Widersprich den Menschen nicht bei jeder Kleinigkeit! Verkämpfe dich nicht auf Nebenkriegsschauplätzen! Halte dein Pulver trocken für den Tag, an dem es um wirklich wichtige Dinge geht!

Sei nachsichtig mit den kleinen Schwächen deiner Zeit! Akzeptiere ihren Geschmack, ihre Mode, soweit sie nicht deinen zentralen Grundüberzeugungen widersprechen!

Je nachsichtiger du in unwichtigen Fragen bist, desto konsequenter kannst du in wichtigen Fragen sein.

Klage nicht über die Unzulänglichkeit und Mittelmäßigkeit der Menschen! Man muss die Menschen nehmen, wie sie sind. Es gibt keine anderen (Adenauer und wohl auch Goethe).

Achte nicht auf Verleumdungen, überhöre sie!

Mach dir die Menschen zu Verbündeten, nicht zum Maßstab deines Handelns!

Sei tolerant! Die eine Hälfte der Welt lacht über die andere. Nur Dummköpfe versuchen, die ganze Welt nach ihren Begriffen zu ordnen (Gracián).

⋆

Es war nicht in Afghanistan und nicht in Saudi-Arabien, als mich plötzlich und völlig unerwartet maskierte Frauen umzingelten. Auch nicht in einer der »muslimischen Vorstädte« von Paris, die Frankreichs Staatspräsident Nicolas Sarkozy am liebsten mit dem »Kärcher« reinigen möchte. Es war an einer Verkehrsampel der vietnamesischen Küstenstadt Nha Trang.

Ich saß auf einer knatternden Honda. Hinter, neben und vor mir tauchte plötzlich ein Schwarm Moped- und Motorradfahrerinnen auf, die Gesichter hinter Stoffmasken, Sonnenbrillen und Sturzhelmen verborgen. Alle hatten lange Handschuhe und Strümpfe an. Verhüllung total, mitten im Sommer bei 35 Grad Celsius. Wie in einem James-Bond-Film, Entkommen unmöglich.

Mein vietnamesischer Fremdenführer Trung – der, seit er mir das Lenkrad überlassen hatte, etwas ängstlich hinter mir saß – lachte: »Das sind keine Terroristen. Das ist vietnamesischer Sonnenschutz. Unsere Frauen haben Angst, braun zu werden. Sie wollen hellhäutig sein, wie ihr. Weiß ist schön!«

Eine helle Haut zu haben – erzählte mir Trung an der nächsten Tankstelle –, sei in Vietnam, wie in vielen asiatischen und arabischen Ländern, nicht nur Schönheitsideal, sondern auch Statussymbol. Dunkelhäutigkeit bedeute im »klassenlosen Arbeiter- und Bauernparadies« Vietnam, zu den »unteren Klassen« zu gehören, Arbeiter oder Bauer zu sein.

So aber wolle hier niemand aussehen. Nicht einmal die Arbeiter und Bauern. Auch sie trügen bei der Arbeit im Freien lange Handschuhe, Strümpfe, Gesichtsmasken und eine schattenspendende Kopfbedeckung.

Meist den aus Palmblättern geflochtenen »conical hat«. Auch von den Muschel- und Krebsverkäuferinnen am Strand bekomme man selten mehr zu sehen als die schwarzen Augen.

Welch ein Glück für Sarkozy und die Vietnamesen, dass das kleine asiatische Land seit 1954 nicht mehr französische Kolonie ist! Das französische Vermummungsverbot würde zu einem Massenaufstand der vietnamesischen Frauen führen. Aber Nicolas Sarkozy und Geert Wilders sind dort Gott sei Dank keine ernstzunehmenden Größen. Glückliches Vietnam!

Trung schilderte mir schmunzelnd, dass seine Freundin Linh jeden Tag viel Zeit und Geld aufwende, um ihre Haut mit Waschgels, Hautcremes und anderen Tricks zu bleichen. In Vietnam enthielten alle guten Kosmetika Aufheller, auch europäische Marken wie Nivea. »Dort, wo bei euch in den Regalen Sonnencremes und Selbstbräuner stehen, findet man bei uns ›Whiteners‹, Weißmacher. Dass es bei euch Solarien gibt, kann sich hier niemand vorstellen.«

Unter der Bedingung, seine Honda wieder selbst steuern zu dürfen, lud mich Trung für den nächsten Morgen zu einem gemeinsamen Strandbesuch ein. Als bekennender Langschläfer fragte ich vorsichtig nach der Uhrzeit des Treffens. »Fünf Uhr«, lachte Trung. »Vietnamesen baden bei Sonnenaufgang. Und kurz vor Sonnenuntergang. Sie wissen ja, weiß ist schön.« Ich versprach nachzudenken. Fünf Uhr ist für mich mitten in der Nacht.

Und doch stand ich am nächsten Morgen um Viertel vor fünf Uhr auf. Tastend ging ich zum nahe gelegen Strand. Noch etwas verschlafen, doch zunehmend staunend, nahm ich den Zauber des anbrechenden Tages wahr. Den in der Dämmerung noch schwarzgrauen Strand. Das silbern glänzende, seidige Meer, auf das die aufgehende Sonne einen sanften rötlichen Schimmer gelegt hatte. Den glutrot, golden brennenden Himmel. Davor schemenhaft, wie in einem Schattenspiel, die Menschen. Ganz weit draußen, fast verloren, ein Fischer mit seinem winzigen, kaum anderthalb Meter großen Bambus-Rundboot, nach den Netzen suchend, die er am Vorabend ausgelegt hatte.

Der Strand war schon voller Menschen. Die Frauen mit langen Arm- und Beinkleidern, viele mit breitkrempigen Hüten. Einige begannen ihre Morgengymnastik – Tai Chi und Chi Gong.

Trung und Linh hatten auf mich gewartet. Gemeinsam schwammen wir aufs Meer hinaus. Linh trug lange schwarze Hosen, ein weißes T-Shirt, aber, wie die anderen Frauen, keine Maske. Noch brannte die Sonne nicht, noch streichelte sie die Haut. Es herrschte eine fast magische Stimmung.

Wir schwammen über eine Stunde lang. Wie im Flug verstrich die Zeit – im Zauber des Morgens und seiner ständig wechselnden Farben. Der Strand leuchtete jetzt hellgelb, und das Meer glitzerte in einem hellen Eisblau von unbeschreiblicher Schönheit.

Gegen halb sieben verließen wir den Strand. Der vietnamesische Alltag begann. Linh, deren Kleidung fast trocken war, zog Handschuhe und Strümpfe, Gesichtsmaske, Sonnenbrille und Sturzhelm über. Dann knatterte sie, munter winkend, mit Trung davon. Wie von Zauberhand war der Strand wieder menschenleer.

Gegen zehn Uhr würden die ersten westlichen Touristen anrollen, um sich zu bräunen. Ost-westlicher Schichtwechsel. Die Menschen des Westens können es sich nicht leisten, bleich aus dem Urlaub zurückzukommen. Zu Hause werden sie von jenen seltsamen Menschen des Ostens berichten, die sich maskieren und vermummen, um ja nicht braun zu werden. Die morgens und abends um fünf Uhr baden gehen. Ihre Zuhörer werden staunen und lachen.

Die eine Hälfte der Welt lacht über die andere. Leider nicht nur beim Sonnenbaden.

*

Sei klug, aber nie kalt, hinterhältig oder falsch! Lege niemanden herein.

*

Natürlich darf man jemandem mal einen kleinen Streich spielen. Auch Bernd Vogel musste irgendwann dran glauben. Er war ein lieber Kerl. Obwohl er mir im Auftrag von Helmut Kohl einige Male kräftig in die Beine gegrätscht war. Aber er war ein Vollblutpolitiker und wusste, dass Grätschen dazugehört. Wirklich unfair war er nie.

Es gab in Bonn eine attraktive junge Frau namens Ingrid Kordelbaum – ihren Namen habe ich aus Gründen der Diskretion geändert. Sie war etwas älter als ich und ein bisschen durchgeknallt. Sie verfolgte mich in Bonn mit unangemeldeten Bürobesuchen und bombardierte mich mit glutvollen Liebesbriefen. Darin erzählte sie von wilden gemeinsamen Liebesnächten, obwohl ich nie eine Minute mit ihr allein gewesen war. Meine

Bonner Mitarbeiter hatten stets aufgeregte rote Köpfe, wenn einer ihrer Briefe eintraf, in denen sie meine erotischen Kunststücke pries.

Ich versuchte, all das zu ignorieren. Selbst als sie eines Tages bei Theo Weimer in Mölschbach auftauchte und sich als meine »heimliche Verlobte« vorstellte. Da ich damals schon offiziell mit meiner späteren Frau verlobt war, brachte mir das bei Theo eine Schimpfkanonade wegen Vielweiberei und Sittenverfalls ein. Nur mit Mühe konnte ich ihn besänftigen. Als Frau Kordelbaum allerdings ankündigte, sie werde unsere »Romanze« nun auch der deutschen Presse offenbaren, wusste ich, ich musste handeln. Mir kam eine geniale Idee.

Ich rief sie an und gratulierte zu ihrer sensationellen Eroberung. Dann erzählte ich ihr, dass sich Bernd Vogel, damals noch Kultusminister von Rheinland-Pfalz, unsterblich in sie verliebt habe. Vogel sei allerdings etwas schüchtern und werde es als eingefleischter Junggeselle nicht wagen, ihr seine Liebe zu gestehen. Sie müsse beharrlich bleiben und dürfe sich nicht abschütteln lassen. Sonntagmorgens gehe er regelmäßig zum Gottesdienst in den Dom zu Speyer, und seine Sommerferien verbringe er in Sils Maria im Engadin. Das seien die besten Gelegenheiten, dem verliebten Bernd näherzukommen.

Das Manöver funktionierte großartig. Von nun an saß Frau Kordelbaum jeden Sonntag im Speyerer Dom in unmittelbarer Nähe Bernd Vogels – mal neben, mal hinter ihm. Und wenn er durch die Berge des Engadin wanderte, folgte sie ihm in Sichtweite. Sie war durch nichts und niemanden abzuschütteln. Wenn

Vogel keine Sicherheitsbeamten gehabt hätte, wäre sie ihm direkt auf die Pelle gerückt.

Eines Tages rief mich Bernd Vogel an und fragte, ob er mir die Dame verdanke, die ihn nun schon seit Monaten auf Schritt und Tritt verfolge. Er habe entsprechende Hinweise bekommen. Ich erwiderte unschuldig, er sei nun einmal die große Liebe Ingrid Kordelbaums. Sie habe mich seinetwegen fallengelassen. Gegen eine solche Liebe sei kein Kraut gewachsen. Vogel wendete ein, dass er sich seit Monaten nicht mehr frei bewegen könne. Überall lauere die Kordelbaum.

Ich fragte ihn scheinheilig, ob er das Problem nicht dadurch lösen könne, dass er sie heirate. Wütend knallte Vogel den Hörer auf die Gabel. Ich aber hatte meine Ruhe und freute mich, dass ich dem lieben Bernd auch einmal einen Streich spielen konnte.

IV.

Gerechtigkeit, Mut und Maß

Drehbuch für eine menschlichere Welt

Wage Großes und Wertvolles!
Nicht nur für dich.

Am Ende des Lebens wirst du am meisten das bedauern, was du nicht getan hast.

Tue jeden Tag etwas zur Weiterentwicklung deiner Talente und zur Realisierung deiner Träume! Die größten Leistungen der Menschheitsgeschichte sind aus anfangs viel belächelten Träumen entstanden.

Glaube an dich! Niemand wird an dich glauben, wenn du nicht selbst an dich glaubst. Der Erfolg kommt zu dem, der an ihn glaubt.

*

Ich konnte fast alle meine Kindheitsträume verwirklichen. Nicht immer perfekt, aber irgendwie. Weil ich an mich glaubte, obwohl mir die meisten Lehrer vorausgesagt hatten, ich würde im Leben scheitern.

In meiner Schulzeit glaubte nur ein Lehrer an mich, unser Offenburger Zeichenlehrer Hermann Sprauer. Als ich mit fünfzehn Jahren von Offenburg nach Freiburg umziehen musste, nahm er mich zur Seite und sagte: »Schade, dass du gehst. Ich weiß, du hattest es bei den Lehrern nicht leicht. Aber du wirst deinen Weg machen. Du kannst etwas ganz Großes werden.«

Ich bin nichts ganz Großes geworden. Aber ich habe diese Sätze mein Leben lang wie einen Schatz in mir getragen. Sie haben mir das Selbstvertrauen gegeben, meine Träume zu verwirklichen. Vor allem meine kleinen Träume.

Ich träumte vom Fliegen. Mit einem Motorflugzeug natürlich. Jahrelang hatte ich darauf gespart. Mit einundzwanzig Jahren ging ich für ein Sommersemester zu einem Repetitor nach Bonn. Ich wusste, das war die lang ersehnte Gelegenheit. Nicht zum Pauken, sondern zum Fliegen. In Hangelar bei Bonn gab es eine Flugschule. 60 Mark kosteten sechzig Minuten in einer kleinen einmotorigen Propellermaschine.

Den Repetitor besuchte ich nur einmal. Zu einer Art Höflichkeitsbesuch. Stattdessen fuhr ich jeden Tag, an dem es nicht regnete, mit dem Fahrrad nach Hangelar und nahm Flugstunden. Schon am zweiten Tag, nach der insgesamt neunten Platzrunde, stieg mein Fluglehrer aus und knurrte: »Die nächste Platzrunde fliegst du allein. Mach keinen Blödsinn!«

Fast ungläubig rollte ich zur Startbahn, gab Vollgas, zog den Steuerknüppel an den Bauch – die Maschine hob ab. Ich flog! Diesen ersten Alleinflug werde ich nie vergessen. Mit den Füßen trommelte ich auf den scheppernden Blechboden des Flugzeugs, brüllte meine Freude heraus, sang, jubelte. Ich konnte fliegen.

Dann folgten harte Wochen. Mein Orientierungssinn war offenbar nur schwach ausgeprägt. Ständig verflog ich mich. Im Tiefflug musste ich über Autobahnkreuzungen und Bahnhöfe donnern, um an den Schildern abzulesen, wo ich mich gerade befand. In der Nähe von Mannheim stiegen bei einem sogenannten Dreiecksflug zwei amerikanische Abfangjäger auf und versuchten, mich abzudrängen. Ich hatte versucht, auf ihrem für den Zivilverkehr gesperrten Militärflugplatz zu landen. Eigentlich wollte ich mich nur erkundigen, wo ich war. Aber die Abfangjäger ließen mich nicht runter.

Kurz vor Schluss der Ausbildung ging mir das Geld aus. Also wusch und polierte ich jeden Tag die Autos der übrigen Pilotenanwärter, um meine letzten Flugstunden zu finanzieren. Für das Waschen des »Dodge« eines Fabrikanten aus dem Ruhrgebiet verlangte ich 20 Mark. Damals ein Wucherpreis. Ich war jeder Fliege dankbar, die auf seiner Windschutzscheibe oder seinen Scheinwerfern Platz nahm. Irgendwann hatte ich es geschafft. Ich war Pilot.

Sechs Jahre lang machte ich den Himmel über Deutschland unsicher. Ich glaube, ich war eine Gefahr für den gesamten nationalen und internationalen Flugverkehr. Bis mir wieder das Geld ausging. Als Gerichtsreferendar mit 270 Mark Nettogehalt konnte ich mir das Fliegen nicht mehr leisten. Aber ich war nicht traurig. Ich hatte meinen Traum ja verwirklicht.

Auch später habe ich manchmal das Steuer von Firmen- und Militärjets sowie Hubschraubern in die Hand genommen. In meinen Jahren als rüstungskontrollpolitischer Sprecher ließen mich meine US-Freunde gelegentlich sogar ans Steuer ihrer Militärmaschinen. Meist nur für kurze Zeit. Und irgendwann gar nicht mehr. Meine nicht ungefährliche Technik, Steilkurven zu fliegen, hatte sich offenbar in US-Militärkreisen herumgesprochen.

Genauso lernte ich – neben Fallschirmspringen – auch Reiten. Hierfür war ich ebenfalls nur mäßig begabt. Während der ersten Reitstunde an der Longe wurde ich wegen eines nahen, grollenden Gewitters mehrfach abgeworfen. Mein Hintern und mein Becken taten mörderisch weh. Aber meine Reitlehrerin war ein hübsches blondes Mädchen. Also stieg ich immer wieder auf das bockige Pferd. Schon beim nächsten Donnerschlag lag ich wieder unten.

Am Ende dieser ersten Stunde wollte ich mir mit einem Scherenschlag über das den Reitplatz umfassende Gatter wenigstens einen guten Abgang verschaffen. Aber meine Beine gehorchten mir nicht mehr. Ich flog jämmerlich über das kleine Geländer und landete in den Brennnesseln der anderen Seite. Im Hintergrund hörte ich noch das fröhliche Lachen der Reitlehrerin. Doch ich schaute nicht zurück. Ich setzte mich resigniert auf mein Fahrrad und fuhr nach Hause. Auch das tat weh. Der Sattel meines Fahrrads war noch härter als der des hinterhältigen Pferdes.

Heute träume ich davon, mir auch noch den letzten meiner Jugendträume zu erfüllen. In drei Jahren werde ich – wenn alles gut geht – mit den silbernen Schwalben von Virgin Galactic in den Weltraum fliegen. Ich habe die Flugnummer 233. Zwei Stunden werden wir nach oben schießen und dann einige lange Minuten aus dem Weltraum auf unseren winzigen Planeten herunterschauen, der sich so wichtig nimmt.

Am 18. Mai 1969 hatte ich in Cap Canaveral zusammen mit Hunderttausenden Amerikanern atemlos den Start einer Apollo-Mondrakete mitverfolgt. Seither wusste ich, dass ich etwas Ähnliches einmal erleben musste. Wenigstens im Kleinen.

Nicht jeder kann sich einen solchen Flug leisten. Aber jeder forsche Porsche-Fahrer könnte für das Geld seines Sportwagens in den Weltraum fliegen. Es gibt in Deutschland Hunderttausende Porsche-Fahrer. Aber jeder Mensch hat andere Träume. Porsche-Fahrer wollen andere Dinge betrachten. Auch das kann schön sein.

Ich habe noch einen weiteren kleinen Traum. Er ist mir fast noch wichtiger als mein »Weltraum-Schnupperflug«. Im August 2009 besuchte ich in Sadr-City, dem gefährlichsten Viertel Bagdads, Sheikh Kamal, den 29-jährigen Führer des schiitischen Kinana-Stammes. Er hatte während der US-Besatzung zwölf Familienmitglieder verloren. Er lud mich ein, bei meinem nächsten Besuch in Sadr-City mit seinen Freunden Fußball zu spielen. Auf einem echten irakischen Fußball-Sandplatz. Abends, wenn sich die sommerliche Gluthitze etwas gelegt haben würde.

Sadr-City ist ein Viertel, in das sich die US-Armee seit langem nicht einmal mehr mit Panzern wagt. Selbstverständlich werde ich diese Einladung annehmen. Einmal in Sadr-City Fußball zu spielen, ist mindestens so schön, wie in den Weltraum zu fliegen.

Doch all das sind nur meine kleinen Träume. Mein großer Traum ist es mitzuhelfen, dass sich eines Tages in der Weltpolitik der Geist des Rechts und des Friedens durchsetzt. Gegenüber der Geistlosigkeit der Gewalt und des Krieges. Dass die USA sich neu erfinden. Nicht nur als Leuchtturm der Freiheit, sondern auch als Leuchtturm der Gerechtigkeit, der Menschenrechte, des Friedens.

Ich weiß, das sind hehre Worte. Doch nur dann wird unsere Zivilisation überleben. Und die Geschichte der Menschheit aufhören, eine endlose Aneinanderreihung widerlicher Massenschlächtereien, Massenvergewaltigungen und Massenvertreibungen zu sein. Ein seit Jahrtausenden andauernder Krieg aller gegen alle, mit Vorliebe der Stärkeren gegen die Schwächeren. Eine unendlich traurige Geschichte.

Hegel hatte recht: Die bisherige Weltgeschichte war keine Geschichte des Glücks. »Die Perioden des Glücks sind leere Blätter in ihr.« Genau das müssen wir ändern.

Allein seit dem Zweiten Weltkrieg hat es achtundneunzig Kriege gegeben, Bürgerkriege nicht mitgezählt. Mit Millionen Toten, Millionen zerbrochenen Menschen. Weiß heute noch jemand, warum die USA in Vietnam zwischen 1965 und 1973 mehrere Millionen Vietnamesen töteten und über fünfzigtausend GIs in den Tod schickten?

Die Menschheitsgeschichte ist viel barbarischer, als den meisten bewusst ist. Weil der Mensch vergisst, verdrängt – und hofft. Wie leicht wir in sinnlose Kriege hineinschlittern, zeigt der Afghanistankrieg. Deutsche Landser und deutsche Soldaten waren in den letzten fünfhundert Jahren durchschnittlich alle fünfzehn Jahre an einem Krieg beteiligt.

Nur das Recht kann uns vor der Brutalität des Menschen retten. Deshalb wäre ein unabhängiger Internationaler Strafgerichtshof, vor dem sich auch Führer der Großmächte für Angriffskriege und Verbrechen gegen die Menschlichkeit zu verantworten hätten, so wichtig. Juristisch ist das eigentlich eine Selbstverständlichkeit. Es darf nicht sein, dass die Opfer der Kriege ihr Leben lang ohne angemessene Unterstützung dahinvegetieren müssen, während die Täter Golf spielen und mit ihren Memoiren Millionen verdienen. Trotz Irak und Afghanistan werde ich diesen großen Traum von der Herrschaft des Rechts nie aufgeben.

Kriege machen nur für die »Sinn«, die sie nicht am eigenen Leibe erleben. Sollten wir nicht alle Politiker, die für Kriege stimmen, zwingen, ihre Soldaten mindestens vier Wochen auf Patrouillenfahrten im Kampfgebiet zu begleiten? Amerikanische Politiker nach Kandahar, deutsche Politiker nach Kunduz? Aber nicht zur üblichen Besichtigung von Kasernen von innen, sondern dorthin, wo es wehtut. Es gäbe schnell keine Kriege mehr. Ganz plötzlich würde kein deutscher Politiker mehr behaupten, wir müssten unsere Sicherheit auch am Hindukusch verteidigen.

Ich weiß, all das klingt total unrealistisch. So unrealistisch, wie vor dreißig Jahren die Forderung nach Wiedervereinigung klang.

*

Finde deine Begabung und deine Berufung heraus und folge ihr! Deine Berufung ist dein Schicksal. Du musst sie erspüren, erahnen und verwirklichen.

Zögere nicht, gut durchdachte Ideen in die Tat umzusetzen! Warte nicht, bis andere dir zuvorkommen! Erfolg hat der, der das Richtige zuerst tut.

Verpass nicht deinen Auftritt, deine Chance! Die wichtigen Dinge des Lebens kommen, wie Schopenhauer einmal gesagt hat, meist nicht mit Pauken und Trompeten, sondern still und leise durch die Hintertür.

Setze Prioritäten! Keiner kann gleichzeitig alles erreichen. Konzentriere dich auf das Wichtigste! Übernimm nur soviel, wie du erfolgreich zu Ende führen kannst.

Bleibe dir treu! Lass dich nicht durch Beifall oder Kritik, durch Reichtum oder Armut vom richtigen Weg abbringen!

⋆

Für den Versuch, sich selbst treu zu bleiben, gibt es nicht immer Beifall. Über meine Initiativen zur Wiedervereinigung spottete selbst die mir wohl gesonnene »Kölnische Rundschau«. 1988 schrieb sie, es stelle sich immer mehr die Frage, ob dieser seltsame Abgeordnete aus Tübingen wirklich Lanzelot sei oder eben doch nur Don Quichotte. Das war noch die liebenswerteste Variante des Spottes.

Mein erster Marsch über den Hindukusch nach Afghanistan wurde von manchen Medien als neue Form des Erlebnisurlaubs verspottet. Andere sahen darin ein lästiges Störmanöver gegenüber der deutsch-sowjetischen Freundschaft.

Besonders übel genommen wurde mir, dass ich George W. Bush vor dem Irakkrieg vorgeworfen hatte, bewusst die Unwahrheit zu sagen. »Sie haben den amerikanischen Präsidenten einen Lügner genannt«, lautete noch die harmloseste, oft fassungslose Kritik von Führern des deutschen Establishments. Damals war das Majestätsbeleidigung. Später, als das Unternehmen danebenging, waren alle stets gegen den Krieg gewesen. Und hatten seine Lügen immer durchschaut.

Nach meinem Besuch beim irakischen Widerstand prophezeiten mir befreundete Journalisten, ich könne nie mehr in die USA reisen. Sie unterschätzten die Liberalität dieses trotz seiner Ignoranz gegenüber dem »Rest der Welt« großartigen, freiheitsliebenden Landes. Ich konnte immer unbehelligt nach Amerika reisen. Führende Vertreter der neuen US-Administration trafen sich mit mir zu vertraulichen Gesprächen.

Insgesamt jedoch waren Spott und Hohn meine treuesten Begleiter. Es begann mit »Hodentöter« (Herbert Wehner) und endete vorläufig mit »Vulgärpazifist« (Josef Joffe). Ich danke meinen Kritikern herzlich. Gerade weil sie keine Leichtgewichte waren oder sind. Sie haben mich bestärkt, meinen Weg weiterzugehen.

Der Widerstand, der sich früh gegen mich aufbaute, wurde von Jahr zu Jahr rabiater. Auf einer Radtour durch Kusel stürzte sich ein Mann mehrfach mit einem großen Messer auf mich. Er konnte von meinen Freunden nur mühsam und erst nach zwanzig Minuten endgültig abgewehrt werden. In Tübingen sprang mich nach einer Veranstaltung zur Rettung der insolventen Firma Zanker ein junger Mann mit einem Karatesprung von hinten an. Er verletzte mich schwer am Rücken. Jahrelang musste ich ein Korsett tragen. Selbst beim Sport.

Im Büro des damaligen Fraktionsvorsitzenden Alfred Dregger traf eine mit einem 24-Stunden-Ultimatum verbundene Morddrohung der RAF ein. Fast wöchentlich erhielten mein Büro und meine Familie schriftliche und telefonische Morddrohungen. Die Lage spitzte sich mehrfach derart zu, dass ich nur noch unter Polizeischutz arbeiten konnte.

Als eine BKA-Antiterror-Einheit meine Lengsdorfer Vermieter und Nachbarn bat, auf mich mit aufzupassen, kündigten diese mir fristlos. Sie waren zwar stramme CDU-Wähler, fast Freunde. Aber sie hatten keine Lust, sich zu gefährden.

Nur meinem noch sehr kleinen Sohn Frédéric machte das alles großen Spaß. Er wollte BKA-Beamter werden. Dass man mit einer kleinen grünen Kelle überall durchgelassen wurde, imponierte ihm gewaltig.

2008 entschuldigte sich ein Briefschreiber, der mein Buch »Warum tötest du, Zaid?« gelesen hatte, für seine frühere Haltung mit den Zeilen: »Ich hatte damals nur einen Traum. Ich wollte Sie irgendwann umbringen.«

Es waren heftige Zeiten. Ich habe diese körperlichen Attacken und lange Zeit nicht endenden Morddrohungen nie bekannt gemacht.

*

Halte deinen Idealen und deinen Freunden die Treue! Du musst bereit sein, für beide durch dick und dünn zu gehen. Auch wenn das manchmal schwierig ist.

*

Zu Franz Josef Strauß hatte ich eine »Distanzfreundschaft«. Er sah, dass ich in der Fraktion oft isoliert war. Irgendwann setzte er sich im Plenarsaal zu mir und fragte, warum ich mich nie mit ihm abstimmte. Er könne sicher manchmal helfen.

Ich wollte ihm nicht sagen, dass ich dann nicht mehr ich gewesen wäre, und dankte höflich. »Abstimmen« war nicht. Brummelnd ging er davon. Er ging seinen Weg, ich ging meinen.

Wir sahen uns dennoch gelegentlich auch privat. Im Jahr 1979, wenige Tage nachdem er Kanzlerkandidat geworden war, lud er mich zu Richard Wagners »Meistersingern« in die Münchner Oper und noch am selben Abend zu Ferien mit seiner Familie am Mittelmeer ein. Selbst in diesem gemeinsamen Urlaub blieb es bei unserer freundschaftlichen Distanz. Und beim »Sie«.

Auch außerhalb dieses Sommerurlaubs hatten wir manches gemeinsame Erlebnis. Auf einer Jagd mit Richard Stücklen, Max Schmeling und Bernhard Wicki bat er mich, ihn zu begleiten. Ich selbst jage nicht. Fröstelnd standen wir frühmorgens an einem Feldweg. Da kein Wild in Sicht war und mir gerade nichts Intelligentes einfiel, begann Franz Josef Strauß mit Richard Stücklen, der dreißig Meter weiter auf demselben Weg stand, ein fröhliches Wortgefecht.

Den prächtigen Hasen, den die Treiber in ihre Richtung gescheucht hatten, bemerkten sie dadurch erst spät. Doch dann begannen beide, auf den wilde Haken schlagenden Hasen zu schießen. Der versuchte verzweifelt, zwischen ihnen durchzubrechen, obwohl die zwei ununterbrochen weiter ballerten. Und er schaffte es. Weil Stücklen plötzlich einen wüsten Fluch ausstieß und Strauß erschrocken das Feuer einstellte.

Stücklen hüpfte von einem Bein auf das andere. Angeblich hatte Strauß ihn oder sein Hosenbein getroffen. Jedenfalls begannen die zwei sich mit herzhaften bayerischen Flüchen einzudecken.

Als ihre Bodyguards, die hinter irgendwelchen Büschen gestanden hatten, hinzueilten, bekamen auch sie ihr Fett weg. Das seien ja schöne Bodyguards, die erst kämen, nachdem die Schüsse gefallen seien. Sie hatten keine Ahnung, was sie falsch gemacht hatten. Doch der Zorn über die Jagdpanne musste raus.

Strauß erzählte mir später, er habe Stücklen allenfalls ein kleines Loch in die Hose geschossen. Der solle sich nicht so anstellen. Er laufe auch sonst in löchrigen Hosen herum. Die Treiber aber munkelten, Strauß habe Stücklen zwischen den Beinen durchgeschossen. Jägerlatein? Vielleicht. Jedenfalls stießen die beiden am Abend wieder kräftig auf ihre Männerfreundschaft an. Nachhaltige Verletzungen hatte es offenbar keine gegeben. Zumindest gab Stücklen sie nicht zu.

Meine persönliche Beziehung zu Strauß hat mir – das war mir stets bewusst – politisch eher geschadet. In der CSU brachte sie mir Neid, in der CDU Misstrauen ein. Strauß dankte mir auf bizarre Art. Er bat mich 1982, unmittelbar vor der Bildung der ersten Regierung Kohl, zu sich und sprach mit mir die Personalpläne der CDU/CSU durch. Bis in alle Details.

Verschmitzt sagte er, mir sei sicher klar, dass er für mich nichts tun könne. Wenn er bei Kohl auch nur meinen Namen nenne, werde der immer fuchsteufelswild. Ich wusste das, es machte mir nichts aus. Ich war einer der freiesten Abgeordneten der Welt. Das war schließlich auch etwas. Und so gingen wir die Listen durch. Bei der Kabinettsaufstellung Gutachter, Berater und vielleicht auch mehr spielen zu dürfen, hatte seine Reize. Alles andere fällt unter die Rubrik »Schweigepflicht«.

Als Gegenleistung trat Strauß in all meinen Tübinger Bundestagswahlkämpfen auf. Bei Wind und Wetter. Obwohl bei manchen Veranstaltungen mit Steinen und Glaskugeln auf uns geschossen wurde. Kohl hingegen weigerte sich kategorisch, bei mir zu reden.

Strauß hat mich nie um irgendeine politische Gegenleistung gebeten. Als er 1988 in der CDU/CSU durchsetzte, dass die Flugbenzinsteuer auch für Hobbypiloten abgeschafft werden sollte, spien viele CDU-Abgeordnete Gift und Galle. Erst nach wütenden Diskussionen willigten sie zähneknirschend ein, aus Fraktionsdisziplin das Gesetz mitzutragen.

Ich wusste, dass dieses Gesetz unklug war. Strauß spielte mit der CDU. Er wollte ihr seine Muskeln zeigen. Warum sollte ich da mitmachen? Ich beschloss, in der namentlichen Abstimmung der ersten Lesung gegen das Gesetz zu stimmen.

Als ich mich mit meiner roten Stimmkarte durch das Gewühl der Abgeordneten Richtung Abstimmungsurne kämpfte, schauten mich einige CDU- und CSU-Kollegen ungläubig an. »San s' narrisch? Des kenna s' doch ned macha!«, protestierten einige CSUler. Zwei versuchten, mich mit ihrer ganzen Körperfülle an der Stimmabgabe zu hindern. Natürlich stimmte ich mit Nein.

Als ich Strauß das nächste Mal sah, haute er mir

lachend auf die Schulter. »Alles in Ordnung?«, fragte er fröhlich. »Alles in Ordnung«, lachte ich. Strauß war ein Bazi. Und doch viel sensibler, nachdenklicher, differenzierter, als seine oft schroffe Rhetorik vermuten ließ.

Ich weiß, dass viele ihn verteufeln. Vor allem jetzt, wo er sich nicht mehr wehren kann. Gerade deshalb sage ich: Er war ein Freund – obwohl wir in manchen politischen Fragen weit auseinander lagen.

*

Versprich wenig, aber halte alle Versprechen! Leiste mehr, als du versprichst!

*

Vertraue deinem Fleiß! Genialität und Glück helfen nur manchmal, Fleiß immer.

*

Manchmal braucht man allerdings auch ein bisschen Glück. Man sollte es nutzen. Einen Teil meiner relativen Bekanntheit als junger Abgeordneter verdankte ich einer Reise als 32-Jähriger in die portugiesische Kolonie Mosambik in Ostafrika. Das Land kämpfte damals um seine Unabhängigkeit. Zwei Journalisten begleiteten mich. Hanns H. Reinhardt von dpa und Hans Germani von der »Welt«. Sie waren wie Hund und Katze.

Bei unserem ersten Treffen in Maputo, der Hauptstadt Mosambiks, empfing Germani seinen Kollegen Reinhardt mit den Worten: »Wissen Sie eigentlich, dass Interpol Sie zur Fahndung ausgeschrieben hat?« Worauf dieser antwortete: »Das muss ausgerechnet jemand sagen, der sich wegen seiner ungeklärten Vergangenheit im südlichen Afrika verstecken muss.« Dann begann zwischen den beiden ein Hauen und Stechen vom Feinsten. Nach einer Weile stand Reinhardt auf, um auf die Toilette zu gehen. Aber er kam und kam nicht zurück.

Germani wurde nervös. Als Reinhardt nach einer Dreiviertelstunde immer noch nicht zurück war, packte er seine Sachen und flüsterte mir zu: »Der gibt jetzt dpa eine Meldung über Ihre Reise durch. Nur um mich zu ärgern. Der wird sich wundern. Ich hebe jetzt sofort einen Artikel ins Blatt. Von dem lasse ich mich nicht reinlegen.«

So ging es während der gesamten Reise. Wenn einer der beiden länger verschwand, setzte sich der andere an seine Reiseschreibmaschine oder ans Telex, um seiner Redaktion die letzten Einzelheiten meiner Reise durch das umkämpfte Mosambik weiterzugeben.

Ursprünglich hatte das portugiesische Militär mir die Reiseroute vorschreiben wollen. Ich hätte dabei nur fröhliche Menschen und befriedete Gebiete zu sehen bekommen. So ähnlich wie das jahrelang mit »embedded journalists« im Irak praktiziert wurde. Ich erklärte, dass ich dann leider am nächsten Tag zurückreisen würde. Es gab stundenlange Diskussionen. Zuletzt zwischen Maputo und Lissabon. Schließlich entschied Lissabon, ich dürfe meine Reiseroute selbst auswählen. Auf eigene Gefahr. Ab da begann eine spannende Reise.

Wir flogen im Hubschrauber haarscharf über den Wipfeln des mosambikanischen Urwalds, um den

Frelimo-Guerrillas keine Chance zu geben, uns zu beschießen. Wir fuhren mit Minensuchfahrzeugen im Schritttempo bei brüllender Hitze durch Rebellengebiete zu Außenposten der portugiesischen Armee. Wir verbrachten schlaflose Nächte in Nangade nahe der Grenze zu Tansania. Urwaldtrommeln erinnerten uns die ganze Nacht, dass die Region in Frelimo-Hand war. Die Aufständischen waren sehr nah.

Wir fanden Spuren von Gräueltaten beider Seiten. Die schlimmsten in Wiriyamu, begangen von Portugiesen. Das »Massaker von Wiriyamu« war damals um die Welt gegangen und Anlass meiner Reise gewesen.

Über all das berichteten Reinhardt und Germani live fast jeden Tag. Germani machte sich inzwischen bei Flügen mit der portugiesischen Luftwaffe das Vergnügen, einzelne Passagen seiner Reportagen vorzulesen: »Erschüttert stand Todenhöfer vor den Gräbern der ermordeten Dorfbewohner.« »Das ist eine Lüge«, fauchte Reinhardt. »Er hat die Umgebung nach Patronen abgesucht. Um herauszubekommen, woher die Munition kam.« »Wissen Sie eigentlich, dass sich Ihr Haftbefehl inzwischen auch auf Mosambik erstreckt?«, konterte Germani.

Tagelang ernährten wir uns von kaum genießbarem portugiesischem Dosenfutter. Als später in einem Flugzeug der portugiesischen Luftwaffe Kaviar, Hummer und Champagner serviert wurden, lehnte sich Reinhardt genüsslich zurück. »Das ist meine Welt – Krieg und Tod, Kaviar und Champagner!« »Genießen Sie es!«, antwortete Germani. »Wenn Interpol Sie erst am Wickel hat, ist das alles vorbei.«

So viel Glück wie mit diesen beiden Journalisten

hatte ich nie mehr. Bei späteren Reisen vereinbarten die Kollegen fast immer, ihre Berichte erst zum Schluss zu veröffentlichen. Germani und Reinhardt gab es nur einmal. Ich musste mich meistens auf meinen Fleiß verlassen.

*

Wenn du mehr erreichen willst als andere, tue mehr als sie! Du kannst aus dem Brunnen des Lebens nur soviel herausholen, wie du hineingegeben hast. Der Output des Lebens hängt immer auch vom Input ab.

*

Viele sahen meine Reisen in Krisengebiete von Algerien bis Afghanistan als spannende Abenteuer-Reisen an, die mir offenbar großen Spaß machten. Keine dieser Reisen hat mir jedoch wirklich Freude gemacht. Mir war vor allem immer klar, was ich riskierte.

Vor meinen Reisen nach Afghanistan, Pakistan oder in den Irak habe ich stets alles geregelt, was man regeln kann. Jedes Mal habe ich mein Testament aktualisiert. Ich habe mir genaue Gedanken darüber gemacht, was wäre, wenn ich bei einem Sprengstoffanschlag zum Krüppel würde. Meine Verantwortung gegenüber meinen Kindern und meinen Freunden war mir stets bewusst.

Auch die Reisen waren oft eine einzige Quälerei. Bei meinem ersten Marsch vom pakistanischen Parachinar zum umkämpften afghanischen Jalalabad war ich schon am ersten Tag nach Übersteigen der 4000 Meter hohen Weißen Berge am Ende meiner Kräfte. Der junge Fotoreporter Richard Schulze-Vorberg, der mich begleitete, ebenso. Während des neuntägigen Marsches verlor ich sieben Kilo. Bei meinem damaligen Gewicht von siebzig Kilo war das viel.

Aufgrund meiner notorischen Schlafschwierigkeiten schlief ich bei unseren Übernachtungen am eiskalten Red River oder in den brütend heißen Nächten vor Jalalabad maximal drei Stunden. Der Anblick der tief schlafenden Mudjahedin machte mich beinahe wahnsinnig.

Die schlimmste Behinderung meines überhaupt nicht heldenhaften Marsches waren die roten Riesenflöhe Afghanistans, »Kameldorne« genannt. Sie fielen mich zu Dutzenden an. Seit meiner Kindheit habe ich schon gegen normale Flohstiche eine Allergie. Aber die Stiche des einen halben Zentimeter großen Kameldorns waren für mich die Hölle.

Ich hatte mich zwar von oben bis unten mit DDT-Pulver bestäubt. Doch die afghanischen Kameldorne störte das nicht. Sie kamen vermutlich von weit her, um einmal in ihrem Kameldorn-Leben das Blut eines Deutschen zu genießen. Die Stiche juckten, nässten und eiterten. Mein Körper war eine einzige Wunde. Jede Bewegung schmerzte. Noch heute habe ich am ganzen Körper nicht Hunderte, sondern Tausende kleine weiße Narben.

Auch damals hatte ich einen Traum. Ich träumte von einem wundstillenden Bad in meinem Hotel in Pakistan. Ich sehnte mich nach dem Ende dieser Irrsinnsreise. Aber ich wusste, ich durfte nicht aufgeben. Ich konnte nicht der roten Armee »trotzen« und wegen roter Flöhe meine Reise abbrechen. So lief und lief ich, obwohl jeder Schritt juckte. Immer wieder sagte ich mir: »Gib bloß nicht auf, du von Flöhen und Kameldornen zerstochenes, halb verhungertes und verdurstetes Großmaul. Niemand hat dich gezwungen, über den Hindukusch nach Afghanistan zu laufen und das Leben der Mudjahedin zu teilen.«

Angst hingegen hatte ich in Afghanistan fast nie. Nur ein einziges Mal gerann auch mir vor Schreck fast das Blut in den Adern. Als wir uns eines Nachts todmüde durch das Gebiet einer konkurrierenden Mudjahedin-Gruppe schleppten, sprangen plötzlich fünf Meter vor uns zehn schwerbewaffnete Mudjahedin aus einem Graben heraus. Wortlos richteten sie ihre Kalaschnikows auf uns. Ihr Anführer zischte irgendetwas auf Paschtu. Unser Führer Ahmed schrie erregt zurück, während wir uns nicht mehr rührten. Wir wagten kaum zu atmen.

Der Ton des Anführers der zehn Männer wurde immer aggressiver. Ahmed versuchte, ihn zu beruhigen und zu erklären, wer wir waren. Die zehn Mudjahedin mit ihren entsicherten Kalaschnikows glaubten ihm kein Wort. Sie hielten Schulze-Vorberg und mich für russische Agenten. Ein falsches Wort, eine ungeschickte Bewegung, und sie würden schießen. Und sei es nur, um nicht selbst erschossen zu werden.

Ahmed redete mit Engelszungen auf sein Gegenüber ein. »Zeigen Sie ihm Ihre Fotoapparate«, flüsterte er Schulze-Vorberg zu. Der aber wurde plötzlich ausgesprochen grantig. Alles würde er hergeben, nur nicht seine Fotoapparate. Es war der falscheste Moment für eine Grundsatzdiskussion über Pressefreiheit. Schulze-Vorberg wusste das. Aber er hatte die Nase voll und war hundemüde. Die Spannung stieg fast ins Unerträgliche. Als Schulze-Vorberg demonstrativ auch noch die Arme auf seine Kameratasche legte, drohte die Lage zu kippen.

Schließlich, nach Sekunden, die mir wie eine Ewigkeit vorkamen, öffnete er doch noch seine große schwarze Tasche. Mürrisch ließ er den Anführer der anderen Gruppe hineinsehen. Misstrauisch wühlte der in Schulze-Vorbergs Tasche. Dann rief er seinen Leuten etwas zu. Die zehn wilden Gestalten ließen ihre Waffen sinken. Ahmed und der Anführer der anderen Mudjahedin-Gruppe tauschten mit heiserer Stimme noch einige Unfreundlichkeiten aus. Dann war die gespenstische Szene vorbei. Wir durften weiter.

Schweigend gingen wir in die Nacht. Wir brauchten lange, um den Schrecken zu verarbeiten. Dass sich rivalisierende Mudjahedin-Gruppen gegenseitig absichtlich oder unabsichtlich erschossen, war – und ist – keine Seltenheit.

Nicht weniger strapaziös und gefährlich waren meine späteren Afghanistanreisen oder meine Fahrt zum irakischen Widerstand in Ramadi. Es gibt im Leben nichts umsonst. Ich wollte die Öffentlichkeit über diese Kriege informieren. Dafür hatte ich einen Preis zu zahlen.

Er hat sich letztlich immer gelohnt. Nach dem ersten Afghanistanmarsch kam das Thema Afghanistan wieder verstärkt auf die politische Tagesordnung. Außerdem konnte ich mit Hilfe von ZDF, BILD und der BUNTEN 20 Millionen Mark für afghanische Flüchtlingsfamilien sammeln. Jeder einzelne Flohstich hatte sich »bezahlt gemacht«. Mit mehreren tausend Mark.

Während ich das schreibe, juckt mein ganzer Körper – in Erinnerung an die Riesenflöhe Afghanistans.

*

Gehe über die volle Distanz! Wenn du eine Aufgabe übernimmst, führe sie zu Ende!

Halte immer durch! Zähigkeit und Ausdauer gehören zu den wichtigsten Voraussetzungen des Erfolgs.

Alle erfolgreichen Menschen sind durch dunkle Täler gewandert. Man muss manchmal durch die Hölle gehen, um in den Himmel zu kommen.

*

Mein Leben war voller Niederlagen. Wie das der meisten Menschen, auch der sogenannten Sieger.

Als 20-jähriger Student in Paris gelangte ich durch eine befreundete Familie an eine Einladung zum Staatsempfang des damaligen französischen Präsidenten Charles de Gaulle. In der Einladung stand der Name eines Barons. Aber der war angeblich in Paris nicht sehr bekannt, und so nahm ich die edle Einladungskarte bedenkenlos und dankend in Empfang. Von Freunden besorgte ich mir einen etwas zu großen schwarzen Anzug, ein weißes Hemd, schwarze Schuhe und eine schwarze Krawatte. Auf der Einladung stand »cravate noire«.

Der Empfang fand im Elysée-Palast statt. Auf der hellen Steintreppe im Inneren des Palais stauten sich die Gäste. Noble alte Damen und Herren in Abendkleid, Frack und Smoking. In meinem schwarzen Anzug sah auch ich recht feierlich aus. Nur ein bisschen jung war ich. Entsprechend neugierig wurde ich von den älteren Gästen gemustert. Aber ich konnte ja der Spross einer reichen Familie sein. Vielleicht sogar ein noch nicht entdeckter Sänger oder Schauspieler, ein Talent. Ich fühlte mich in der Rolle des Überraschungsgastes wohl, obwohl ich aufgeregt war.

Langsam ging es aufwärts. Vorbei an den die Säbel präsentierenden Gardes Républicaines in ihren blau-weiß-roten Reiteruniformen und ihren blinkenden Helmen. Ganz oben an der Eingangstür, hinter der de Gaulle seine Gäste begrüßte, stand ein »Huissier«. Mit lauter Stimme stellte er jeden Gast einzeln vor. Von der Treppe aus hörte ich, wie er alle paar Sekunden einen Marquis, einen General oder einen Kardinal ankündigte.

Mit jeder neuen Treppenstufe wurde mir festlicher zumute. Als nur noch wenige Gäste vor mir auf ihre feierliche Vorstellung warteten, kam ein würdiger älterer Herr im Frack auf mich zu und bat mich um meine Einladungskarte. »Baron«, sagte er leise, »hier steht ›cravate noire‹. »Aber ich trage doch eine schwarze Krawatte«, antwortete ich verwirrt. »Cravate noire bedeutet Smoking«, sagte der Herr im Frack seufzend: »In Ihrem Aufzug können Sie an dem Empfang nicht teilnehmen.«

Es ist schwer zu beschreiben, was ich in diesen Sekunden empfand. Ich wusste, dass ich ein Niemand war. Aber dass ich jetzt, nach einer Stunde erwartungsvollen Nach-oben-Schreitens, die ganze edle Steintreppe wieder nach unten schreiten sollte, war unendlich bitter. Es war einer der peinlichsten Abstiege meines Lebens. Mitleidig belächelt von denen, die, anders als ich, jemand waren und weiter aufwärts durften.

Niedergeschlagen ging ich zu Fuß vom Elysée-Palast zum Pont Neuf und schaute traurig auf die funkelnde Seine. Ich war buchstäblich vom Hof gejagt worden – trotz meines schönen schwarzen Anzugs. Eine Gruppe fröhlicher Franzosen versuchte, mich zu trösten. Sie glaubten, ich hätte Liebeskummer, und meinten, es gebe noch andere hübsche Mädchen. Klar, dachte ich. Aber keine hieß Charles de Gaulle. Ich war gedemütigt und verletzt.

Das Ganze erinnerte mich an den Tag, an dem mich der C-Jugend-Trainer des Offenburger Fußballvereins vor der versammelten Mannschaft als Spielführer abgesetzt hatte. Ich war damals vierzehn Jahre alt und wegen »Schiedsrichterbeleidigung« vom Platz gestellt worden. Der Schiedsrichter hatte drei von mir geschossene, aus meiner Sicht einwandfreie Tore wegen angeblichem Abseits' nicht anerkannt. Ich hatte dies für krasse Fehlentscheidungen gehalten. Aufgebracht war ich zum Schiedsrichter gerannt und hatte protestiert. Wenn er meine Tore schon nicht anerkenne, solle er selber welche schießen, hatte ich geschimpft.

Dreifach war ich bestraft worden: Aberkennung meiner Tore, Platzverweis und Absetzung als Mannschaftskapitän. Auch damals hatte ich anschließend wie ein Häufchen Elend an einem Brückengeländer gestanden. Es war zwar nur die Kinzigbrücke in Offenburg. Aber ich war genauso tief getroffen.

Das blieben nicht die einzigen Niederlagen meines Lebens. Die unerwartete Rückstufung auf der Landesliste Rheinland-Pfalz, die De-facto-Vertreibung aus meinem geliebten Kaiserslautern wegen meiner Kohl-Kritik, die Abwahl als entwicklungspolitischer Sprecher, das Verlassenwerden von Menschen, die ich bedingungslos geliebt hatte, haben mich noch mehr verwundet. Einige dieser Wunden werden nie heilen.

Ich weiß, dass sie zum Leben gehören. Schiller hat recht, wenn er sagt: »Des Lebens ungemischte Freude ward keinem Sterblichen zuteil.« Man darf nur nie aufgeben. Auch nicht in tiefster Einsamkeit, die auf derartige Niederlagen meist folgt. Wahrscheinlich kann man nur in der Einsamkeit zu sich selbst finden. Manchmal hätte ich gerne auf diesen Weg der Selbstfindung verzichtet.

*

Mache viel aus deinen Talenten!
Gehe bis an deine Grenzen!

*

Das ist die zentrale Aufgabe unseres Lebens: Etwas aus unseren Talenten zu machen – und unser Glück zu teilen.

Habe ich meine Talente verschleudert, weil ich in wichtigen Augenblicken nie die Kompromisse machte, die man von mir erwartete? Oder habe ich dadurch, dass ich versucht habe, meine Vorstellungen von Gerechtigkeit und Menschlichkeit nicht zu verraten, genau das getan, wozu ich begabt war? Sich selbst treu zu bleiben und fremdem Druck nie nachzugeben?

Aber darf man jede Dummheit und Niederlage seines Lebens mit hehren Prinzipien entschuldigen?

★

Sei willensstark und fleißig, mutig und freundlich! Das sind die wichtigsten Voraussetzungen des Erfolgs.

Setze diese vier Eigenschaften – zusammen mit all deinen Talenten – für das Wohlergehen deiner Mitmenschen, für das Glück deiner Familie und für deine eigenen Lebensziele ein!

★

Arbeite an deinem Charakter mindestens so hart wie an deiner Karriere! Auch wenn das nur eine Minderheit tut. Doch sie ist die Elite unserer Zeit.

Fördere deine guten Eigenschaften, bekämpfe deine schlechten! In jedem Menschen ringen Gut und Böse. Der Kampf gegen unsere bösen Eigenschaften ist der härteste und wichtigste Kampf unseres Lebens.

★

Ich muss jeden Tag gegen das Böse und Negative in mir kämpfen. Es ist sehr mächtig. In jedem. Wir sind alle eine Mischung aus Gut und Böse, aus Größe und Elend. Da dies keine Autobiografie ist, brauche ich das glücklicherweise nicht näher auszuführen.

Wenn allerdings jemand behaupten sollte, ich hätte in Wirklichkeit mehr als eine Handvoll heimlicher Fehler und Schwächen, würde ich ihm widersprechen. Es sind viel mehr. Niemand braucht mich zu überführen. Ich gestehe auch so. Ich war und bin ein Sünder.

Ich will gar nicht fehlerfrei sein. Ich wäre gerne exzellent, nicht perfekt.

*

Tue, wenn du ein wertvolles, großes Leben leben willst, viel für dich, aber noch mehr für die anderen! Groß ist, wer mehr gibt, als er nimmt.

*

Das Leben hat mir viel gegeben. Ich werde mich sehr anstrengen müssen, um meine persönliche Bilanz auszugleichen. Geld spenden kann höchstens ein Anfang sein.

*

Sei nicht stolz auf deine Talente, sondern auf das, was du aus ihnen gemacht hast! Du kannst nichts für deine Intelligenz, nichts für dein Aussehen, nichts für deine Herkunft und schon gar nichts für dein materielles Erbe.

*

Das schreibe ich für alle von der Natur oder von ihren Eltern Verwöhnten. Ihr habt keinen Grund, euch wichtig vorzukommen. Aber ihr könnt stolz sein auf das, was ihr unter Schweiß und Tränen, mit Liebe, Willen, Mut und Fleiß selbst erkämpft habt – und auch dann solltet ihr bescheiden bleiben. Denn zum Erfolg gehört auch Glück.

Ich hatte, obwohl ich für jeden Erfolg kämpfen musste, viel Glück. Nicht nur mit Reinhardt und Germani. Es ist nicht mein Verdienst, dass wir seit über sechzig Jahren in einem demokratischen Rechtsstaat und in Frieden leben. Es ist nicht mein Verdienst, dass mein Vater Richter war und mir ein Studium ermöglichen konnte. Es ist nicht mein Verdienst, dass ich in dieselbe Schulklasse wie Hubert Burda ging. Es ist nicht mein Verdienst, dass mir mein Onkel einen Job in Bonn besorgte, der mich später zu Heck, Kiesinger und Kohl führte.

Es gab mehrere Augenblicke in meinem Leben, in denen mir nur das Glück, das Schicksal und der liebe Gott weiterhalfen. Als 32-Jähriger wurde ich sofort nach meinem Einzug in den Bundestag entwicklungspolitischer Sprecher der CDU/CSU-Fraktion. Aber nicht wegen irgendwelcher überragender Talente. Sondern weil ich mich während der ersten sieben Monate im Bundestag wegen eines Skiunfalls nur auf Krücken fortbewegen konnte.

Ich erregte – vor allem bei dem listig lustigen Fraktionsassistenten Albert Baumhauer – schlicht Mitleid, wenn ich kreidebleich in die Sitzungen humpelte. Für die Position des entwicklungspolitischen Sprechers gab es einen starken Gegenkandidaten, der schon seit Jahren im Bundestag saß. Ich hätte bei der Kampfabstimmung ohne den Mitleidseffekt – und ohne Albert Baumhauer – keine Chance gehabt.

Es war auch nicht mein Verdienst, dass ich 1976 wegen der Wahlschlappe Kohls trotz meines schlechten Listenplatzes wieder in den Bundestag kam. Bei einem Ausscheiden wäre ich wieder einfacher Richter am Landgericht Kaiserslautern geworden. Einen Landgerichtsrat hätte Hubert Burda nie zum stellvertretenden Vorsitzenden seines Konzerns gemacht.

Drei Jahre später, im Winter 1979, beim Kampf um einen neuen Wahlkreis in Baden-Württemberg, hatte ich einen schweren Autounfall. In einer vereisten Kurve bei Sigmaringen flog mein Golf von der Straße und überschlug sich. Zwei Meter vor einer Felswand kam er, auf dem Dach rutschend, zum Halten. In der Lücke zwischen dem Golf und der Felswand standen zitternd drei Menschen. Sie waren kurz zuvor ebenfalls aus der Kurve getragen worden. Wie durch ein Wunder habe ich niemanden verletzt. Nur mein Wagen war schrottreif.

Von der Polizei, die kurz darauf mit Blaulicht angerast kam und ebenfalls ins Schleudern geriet, erhielt ich nur eine Strafe von 10 Mark. Irgendwie war alles noch einmal gut gegangen. Doch ich werde nie vergessen, wie ich, kopfüber in den Gurten meines Golfs hängend, auf die Menschen zuglitt, die ausgerechnet an einer Felswand vor mir Zuflucht gesucht hatten. Gerettet hatten uns nur die Skiträger auf dem Dach meines Golfs.

In all diesen Fällen hatte ich das Schicksal auf meiner Seite. Man sollte auch in guten Tagen nicht vergessen, dass nicht alle Erfolge auf eigener Leistung beruhen.

*

Beurteile andere Menschen nicht danach, was sie ererbt haben, sondern danach, was sie durch eigene Leistung erworben haben – und nach ihrem Charakter!

*

Hubert Burdas Reichtum hat mir nie imponiert. Aber die Entschlossenheit und Konsequenz, mit der er darum kämpfte, die Unternehmen seiner Mutter und seines Vaters ins 21. Jahrhundert zu führen, waren beeindruckend. Gerade weil er eher ein musischer Mensch ist und auf einem Gebiet antreten musste, auf dem nicht einmal seine größten Talente lagen.

Bis zu meinem Eintritt in sein Unternehmen waren wir dicke Freunde. Danach mussten wir unser Verhältnis neu definieren. Wir haben das, wie jeder in der Firma wusste, auch getan. Wir hatten gar keine andere Wahl. Ich habe trotzdem nie einen Menschen getroffen, der mehr Herz und Zeit für die Pflege seiner Freundschaften aufwendet und die Kunst der Freundschaft meisterlicher beherrscht als er. Ich habe das mehrfach persönlich erlebt.

Hubert Burda war ein begnadeter Skifahrer. Mit elegantem, männlichem Stil. In seiner Jugend hatte er im Schwarzwald regelmäßig Rennen gefahren. Es machte viel Freude, mit ihm Skiferien zu verbringen. Eines Tages stand ich mit ihm und einigen Freunden als frisch gewählter Bundestagsabgeordneter an der Talstation der Lagalb-Bergbahn in St. Moritz. Wir warteten auf die Gondel.

Plötzlich kam aus einem Seiteneingang Hubert Burdas Skilehrer Andrea Florineth und mit ihm der Schah von Persien. Der besaß in St. Moritz ein Haus. Andrea stellte ihm Hubert Burda und dessen Freunde vor. Alle verbeugten sich so tief, als wollten sie die Skischuhe des Schahs küssen. Schließlich stellte Andrea auch mich vor. Ich saß auf der Holzbalustrade der Seilbahn und streckte dem Schah freundlich die Hand hin. »Hallo«, sagte ich, »ich bin Jürgen Todenhöfer.«

Andrea Florineth, aber auch Hubert Burda erbleichten. Wie konnte ich sitzenbleiben, wenn mir der Kaiser von Persien die Hand gab? Beim Hochfahren fragten sie, noch immer entgeistert, ob ich stets so unhöflich gegenüber kaiserlichen Hoheiten sei. Meine Antwort, ich sei gewählt, der Schah nicht, überzeugte sie nicht. Auch nicht mein Hinweis, dass wir beim Skifahren seien und nicht auf einem Staatsempfang.

Es waren fröhliche Tage und Nächte im Engadin. Vor allem jene Silvesternacht, die ich im Haus von Sonja und Willy Bogner verbrachte. Willy ist einer der liebenswertesten Menschen, die ich kenne. Er flachste mich mehrfach wegen meines Skistils an. Er meinte, er habe in seiner langen Rennfahrerkarriere noch niemanden erlebt, der derart spektakuläre Stürze beherrsche – vom Doppelsalto bis zum eingesprungenen Rittberger. Wenn ich in der Politik ähnlich riskant vorginge, hätte ich spannende Zeiten vor mir.

Damals ahnte ich nicht, wie recht er hatte. Meine perfekte Sturztechnik erklärte ich ihm damit, dass ich in Offenburg ein intensives Torwarttraining erhalten hätte und genau wisse, wie man bei Stürzen abrollen müsse. Außerdem hätte ich jahrelang in den Semesterferien als Skilehrer gejobbt.

Wir feierten in seinem Haus bis fünf Uhr morgens. Trotzdem ließ ich mich am nächsten Nachmittag von Hubert Burda breitschlagen, wenigstens ein paar Abfahrten mitzumachen. Der Himmel war grau, die Sicht miserabel, und ich war hundemüde. Doch Hubert Burda hatte einen seiner seherischen Tage. Er blickte, wie häufig in solchen Momenten, wissend in den Nebel und sagte bedeutungsvoll: »Weißt du, Jürgen, ich spüre es fest und tief in mir. Dieses Jahr 1973 wird für uns beide noch erfolgreicher als das vergangene Jahr.«

Zwanzig Sekunden später lag ich in einem Abgrund und hatte einen fünffachen Beinbruch. Ich hatte wegen der schlechten Sicht die Piste verfehlt und war auf einen Gegenhang geprallt.

Hubert Burda ließ mich in diesen Stunden nicht allein. Trotz peitschenden Schneesturms transportierte er mich noch am selben Abend persönlich in stundenlanger, mühsamer Fahrt über verschneite Pässe in eine Spezialklinik nach Davos. Er war damals ein toller Autofahrer. Als der Chirurg eine große Schere holte und mir trotz großer Schmerzen den Skischuh aufschnitt, hielt Hubert fest meine Hand. Er war sehr blass. »Du musst durchhalten«, murmelte er. Dann wurde ihm schwarz vor Augen, er fiel in Ohnmacht. Wenn das kein Mitleid war!

Nicht ganz so mitleidig und kameradschaftlich war in jenen Tagen Helmut Kohl. Er ließ mir über seine Büroleiterin Juliane Weber mitteilen, er sei verärgert. Er habe mich als Politiker, nicht als Skiakrobat verpflichtet. Er erwarte, dass ich trotz des Unfalls sehr schnell meine Arbeit in Bonn und im Wahlkreis aufnehme. Was ich gegen den entschiedenen Widerstand der Ärzte nach einer Woche auch tat.

★

Beseitige deine drei größten Fehler, bevor du dich aufmachst, die Welt zu belehren! Die wirksamste und ungefährlichste Form der Weltverbesserung ist die Selbstverbesserung!

Niemand hat mehr Unheil über die Welt gebracht als radikale Weltverbesserer.

Sei streng mit dir und nachsichtig mit deinen Mitmenschen! Verlange mehr von dir als von anderen! Große Menschen verlangen alles von sich. Kleine alles von den anderen.

Sei ein Vorbild! Nicht mit Worten, sondern mit Taten! Rede nicht, sei! (Andy Aviles)

★

Das sollten sich auch die Politiker des Westens zu Herzen nehmen, die ständig irgendwo in der Welt Kriege zur Verteidigung angeblicher »Werte des Westens« führen.

Unsere Verfassung sagt klar, welche Werte sie für die wichtigsten hält. Artikel 1 besagt: »Die Würde des Menschen ist unantastbar.« Artikel 2: »Jeder hat das Recht auf Leben und körperliche Unversehrtheit.« Artikel 3: »Alle Menschen sind vor dem Gesetz gleich.«

Artikel 4: »Die Freiheit des Glaubens, des Gewissens und die Freiheit des religiösen und weltanschaulichen Bekenntnisses sind unverletzlich.«

Fast wortgleich lauten die Menschenrechte der Vereinten Nationen. Dort heißt es zudem in Artikel 5: »Niemand darf der Folter oder grausamer, unmenschlicher oder erniedrigender Behandlung unterworfen werden.« Und in Artikel 10: »Jeder hat bei einer gegen ihn erhobenen strafrechtlichen Beschuldigung Anspruch auf ein gerechtes und öffentliches Verfahren vor einem unabhängigen Gericht.«

Besonders eindrucksvoll hat die amerikanische Unabhängigkeitserklärung vor über zweihundert Jahren die Menschenrechte formuliert: »Wir halten folgende Wahrheiten für offensichtlich: Dass alle Menschen gleich geschaffen sind. Dass sie von ihrem Schöpfer mit unveräußerlichen Rechten ausgestattet wurden. Unter ihnen das Recht auf Leben, Freiheit und das Streben nach Glück.«

Das sind die Werte, für die wir eintreten müssen.

Ich schreibe diese Zeilen am Abend des 22. Februar 2010 in Kabul. Am späten Nachmittag war ich, wie meist, wenn ich hier bin, auf dem alten Markt am Kabul-River. Wie immer hatten mir junge Afghanen mit einem freundlichen Lächeln zugerufen: »Hello Mister, how are you?«, und ich hatte geantwortet: »Fine, thank you.« Allein mit dieser kleinen Geste hatten sie mir den Tag verzaubert. Wo im Westen strahlen Kinder einen Fremden an und fragen: »Hello Mister, how are you?«

Wenn ich diesen Menschen, den jungen und den alten, unsere westlichen Verfassungsgebote vorlesen würde und behaupten würde, zur Verteidigung dieser Werte seien wir in Afghanistan, würde ich ungläubiges Staunen ernten.

Wo achten wir in Afghanistan, im afghanischen Foltergefängnis Bagram oder in Guantanamo die Würde der Menschen, ihr Recht auf körperliche Unversehrtheit, das Verbot, sie unmenschlich oder erniedrigend zu behandeln? Wo ihren Anspruch auf ein gerechtes Verfahren vor einem unabhängigen Gericht? Wo, wo, wo? Wir verteidigen nirgendwo unsere Werte, sondern immer nur unsere Interessen.

Afghanistan hatte immer das Pech, auf einer geostrategischen Straßenkreuzung zu liegen. Doch nach dem offiziellen »UN-Entwicklungsindex« 2009 ist das Land in den letzten Jahren der westlichen Besatzung um weitere sechs Plätze zurückgefallen. Auf den vorletzten Platz von 182 Ländern! Nur Niger ist jetzt noch unterentwickelter als Afghanistan. Die Afghanen waren stets arm. Unter unserer Besatzung sind sie verelendet. Und wir reden vom »Wiederaufbau« Afghanistans! Von der »Verteidigung unserer Werte«. Welch ein Hohn!

»Rede nicht, sei!« war das Motto des jungen Andy Aviles aus Tampa. Er fiel als achtzehnjähriger US-Marine 2003 vor Bagdad. Er hatte geschworen, die Werte der amerikanischen Verfassung zu verteidigen. Auch ihn haben jene Politiker verraten, die die Welt in den Irakkrieg hineinlogen. Ich denke oft an Andy. Und an seine wunderbaren Eltern. Ihr Herz ist für immer gebrochen.

⋆

Sei unbestechlich! Lebe in diesem Punkt wie ein Heiliger! Lass nie Ausnahmen zu! Vor allem, wenn du ein öffentliches Amt übernimmst!

⋆

Als junger Abgeordneter von Kaiserslautern bot mir der Eigentümer der Eisenwerke Kaiserslautern, Hermann Gehlen, einen vertraulichen Beratervertrag an. Ich habe glücklicherweise abgelehnt. Einige Jahre später ging die Firma in Konkurs. Die Belegschaft setzte daraufhin durch, dass die Eigentümerfamilie ihre gesamten Vermögensverhältnisse offenlegen musste. Mein »vertraulicher« Beratervertrag wäre mir um die Ohren geflogen.

Ich habe mehrfach derartige Angebote bekommen und stets abgelehnt. Andere Abgeordnete machen das genauso. Oder sie melden ihre Beraterverträge pflichtgemäß an.

Als ich Anfang 1987 beschloss, nicht nur als Berater, sondern als aktiver Manager in die Wirtschaft zu wechseln, informierte ich vorab in einem langen persönlichen Gespräch den Parteivorsitzenden und Bundeskanzler Helmut Kohl. Er bot mir in diesem Gespräch sogar an, das Kriegsbeil zu begraben. Obwohl ich ihm nicht gesagt hatte, dass ich zu einem Verlag ginge. Das gab der Konzern erst Wochen später bekannt.

Den genauen, vertraulichen Anstellungsvertrag schickte ich später ungekürzt an die Bundestagspräsidentin Rita Süßmuth. Nur das Einkommen schwärzte ich. Eigentlich war das unnötig. Denn es hielt sich im

Rahmen. Aber die Bundestagspräsidentin hätte mir sonst vielleicht nicht mehr so fröhlich das Wort erteilt.

*

Achte die Schöpfung, achte die Natur!
Jedes Tier, jede Pflanze, jedes Lebewesen ist ein unendlich wertvolles, feines Kunstwerk.

Eine chinesische Weisheit sagt: Jedes Kind kann einen Käfer zertreten, aber alle Professoren der Welt zusammen können keinen einzigen herstellen.

Sei gut zu Tieren! Du bist für sie so etwas wie der liebe Gott.

*

Für mich ist die Welt, in der wir leben, Gottes Schöpfung. Egal, wie viele Urknalle und Evolutionen der Schöpfungsakt zurückliegen mag. Wer die Schöpfung – Menschen, Tiere, Pflanzen – nicht respektiert, missachtet Gott.

In Mölschbach sprach es sich bei kranken Katzen herum, dass man im Brunneneck 18, wo ich wohnte, gut behandelt wurde. Mehrfach liefen mir kranke Katzen zu. Da ich für unsere Hauskatze Tschi-Tschi auf der Gästetoilette eine Katzenklappe eingerichtet hatte, war der Zugang für Mölschbacher Katzen nicht schwer. Wenn es ihnen schlecht ging, kamen sie zu uns.

Einmal hörte ich unter meinem Bett ein seltsames Geräusch. Wie Kinderweinen. Nach kurzem Suchen fand ich eine rotbraune Katze, die schon häufig mit Tschi-Tschi gespielt hatte. Als ich sie streichelte, merkte ich, dass sie starke Schmerzen am Rückgrat hatte. Ich brachte sie zu einem Tierarzt. »Dort, wo der Schwanz aus dem Körper austritt, ist ein Wirbel gebrochen. Ich muss sie operieren. Das kostet Geld.«

Ich nickte. Nach einer Stunde rief der Tierarzt an und sagte, die kleine Katze sei gestorben. Das gesamte Rückgrat sei zersplittert gewesen. Jemand müsse sie am Schwanz gepackt und wie ein Lasso mehrmals durch die Luft geschleudert haben.

Ein anderes Mal kam eine schwarzweiße Katze durch die Klappe. Sie hatte handtellergroße, haarlose Flecken am Körper, die entzündet und verkrustet waren. Sie sah eklig aus. Ich habe ihr jeden Tag Spezialfutter gegeben, dem ich in Absprache mit dem Tierarzt Tabletten beigemischt hatte. Nach einigen Wochen wuchs ihr Fell nach. Eines Tages war sie wieder eine wunderschöne Katze mit glänzendem Fell.

Genauso plötzlich wie sie gekommen war, verschwand sie durch die Katzenklappe. Ich habe sie nie wieder gesehen. Es macht viel Freude, Tieren zu helfen. Ich habe es leider nicht immer getan.

*

Behandle auch die sogenannten kleinen Leute gut! Die Größe eines Menschen zeigt sich darin, wie er kleine Leute behandelt.

Denke mit dem Herzen!

*

Oft sind die »kleinen Leute« in Wirklichkeit große Leute. Im August 2009 besuchte ich in Landa Kheil, einem winzigen Dorf im afghanischen Distrikt Tora Bora, die zwölfjährige Spoghmai und ihren achtzehnjährigen Bruder Esmatullah. Im Winter 2001 war ihr Haus von US-Kampfbombern zerstört worden. Ihre Eltern und ihre drei Schwestern waren getötet worden. Ein sogenannter Kollateralschaden.

In den ersten Jahren nach dem Bombenangriff hatten sich Verwandte um die Kinder gekümmert. Dann mussten Spoghmai und Esmatullah ihren beiden kleineren Geschwistern Vater und Mutter ersetzen. In ihren Augen konnte ich lesen, wie schwer sie an dieser Verantwortung tragen.

Die kleine Spoghmai kocht, backt und wäscht für die Familie. Und sie reinigt den einfachen Lehmbau, in dem sie jetzt leben. Esmatullah arbeitet ab dem Morgengrauen auf seinem kleinen Feld. Nachmittags versucht er, mit seinem winzigen Krämerladen in Landa Kheil etwas Geld zu verdienen. Die Familie ist arm.

Es war Fastenzeit, Ramadan, als ich die beiden besuchte. Trotzdem war ihnen peinlich, dass sie mir nichts anbieten konnten. Nur ein Glas Wasser gab es. Sie selbst tranken nichts.

Leise erzählten sie mir die Geschichte ihres Lebens. Sie berichteten von jenem schrecklichen Bombenangriff. Von den Träumen, in denen sie manchmal ihren Eltern begegnen. Von den Spielen mit Freundinnen und Freunden, die sie jetzt meist absagen müssen.

Nach zwei Stunden musste ich aufbrechen. In Tora Bora gibt es nicht nur afghanische Taliban, mit denen meine Begleiter offenbar ein Stillhalte-Abkommen vereinbart hatten. Sondern auch pakistanische Taliban. Und Kriminelle, mit denen man nichts absprechen kann.

Auf dem Rückweg über holprige Feldwege rumpelte es im Kofferraum unseres alten Jeeps noch lauter als auf der Hinfahrt. Ich fragte den Fahrer nach der Ursache. »Das ist die Ziege, die Spoghmai und Esmatullah Ihnen geschenkt haben. Sie konnten Ihnen wegen des Ramadan ja nichts anbieten«, antwortete er lächelnd. Ich hielt den Atem an: Spoghmai und Esmatullah hatten mir eine Ziege geschenkt? Diese zwei Habenichtse?

Nie haben mich junge Menschen so beschämt wie diese beiden afghanischen Waisenkinder. Vom Schicksal und vom Westen um ihre Kindheit betrogen, hatten sie ihre letzten Afghani zusammengekratzt, um mir, dem Gast aus dem Westen, eine Ziege zu schenken. Erst seit meinem Besuch bei Spoghmai und Esmatullah weiß ich, was Großherzigkeit ist.

*

Nimm niemandem seine Würde, seine Hoffnung, seine Träume! Für viele Menschen ist das alles, was sie haben.

Führe selbst die härtesten Maßnahmen respektvoll durch – auch gegenüber deinen schlimmsten Feinden.

*

Nimm einem Menschen, den du verlässt, nicht seinen Stolz! Er fühlt sich in den

Stunden und Tagen danach ohnehin gedemütigt und wertlos.

Nimm alle Schuld auf dich! Zeig ihm, dass die Trennung nichts mit ihm, sondern nur etwas mit dir zu tun hat!

Dein Verhalten am Ende einer Beziehung zeigt, ob du in der Liebe groß oder klein bist.

⋆

Sei nicht zu lange traurig, wenn du verlassen wirst!

Denke, wie nach einem Urlaub, an die schönen Stunden, die du verbringen durftest! Und nicht an die Stunden, die dir jetzt vielleicht entgehen.

Wer nach einer gescheiterten Beziehung wieder aufsteht und neuen Mut fasst, gewinnt ein zweites Leben.

⋆

Edith Piaf, der Spatz von Paris, würde singen: »Non, rien de rien, non, je ne regrette rien.«*

⋆

Zeige deinen Mitarbeitern, Freunden und Familienmitgliedern, dass sie gebraucht

* »Nein, ich bedaure nichts. Gar nichts!«

werden! Das wichtigste emotionale Bedürfnis der Menschen ist, gebraucht, anerkannt und geliebt zu werden.

Gib den Menschen das Gefühl, wichtig und einmalig zu sein!

Sei treu, deiner Familie und all den Menschen gegenüber, die an dich glauben!

Enttäusche niemanden, der dir vertraut!

⋆

Auch hier war ich nicht immer ein Vorbild. Zwei durch mein Verschulden gescheiterte Ehen sagen hierzu alles. Vielleicht bin ich für längere Partnerschaften nicht geeignet. Aber eine überzeugende Entschuldigung ist das nicht.

⋆

Suche das Glück und den Sinn des Lebens nicht in Äußerlichkeiten, suche es in dir selbst! Glück ist etwas, was tief im Herzen stattfindet. Ruhm und Reichtum kommen da nicht rein. Glück ist ein Zustand, kein Gegenstand.

Die meisten Reichen, die ich kenne, sind bettelarm an wirklichen Reichtümern! Materieller Reichtum als Selbstzweck macht arm.

⋆

Um nie von meinem Wohlstand abhängig zu werden, habe ich immer wieder versucht, mich daran zu erinnern, woher ich kam. Als im Juni 2000 der Umbau der Münchner Firmenzentrale von Hubert Burda Media begann, mussten wir für mehrere Mitarbeiter im Hof Container aufstellen.

Einige Führungskräfte betrachteten den Umzug in die Container als Imageproblem. Als sie trotz guten Zuredens nicht zu bekehren waren, zog ich mit meiner Assistentin Veronika Geiger selbst in eines der Wellblechbüros. Einem der Jung-Manager, der sich mit Händen und Füßen gegen den Umzug in einen Container gewehrt hatte, trat ich mein Büro ab.

Ein Jahr lang haben Veronika Geiger und ich – wie andere – in den Containern gefroren und geschwitzt. Doch es hat uns trotz mehrerer Erkältungen gutgetan. Die »Container-Verhandlungen« mit anderen Firmenchefs waren fast immer erfolgreich. Und lustig. Es war eine spannende Erfahrung.

In Kabul hatte ich 2005 mit dem Honorar eines meiner Bücher schon einmal ein Waisenhaus gebaut. Wegen des extremen Klimas begannen nach und nach der Putz abzublättern und die Wasserhähne zu wackeln. Aber keiner wollte richtig anpacken.

Also zog ich mir bei meinem Besuch im Februar 2010 einen blauen afghanischen Arbeitsanzug an. Dann machte ich mich an die Renovierung der Toilette des Verwaltungspersonals. Sie war der heruntergekommenste Raum des ansonsten wunderschönen Heims, das von einem deutsch-afghanischen Förderverein betrieben wird.

Ich brauchte einen ganzen Nachmittag, um mit einem Spachtel die alte Farbe abzuschaben und anschließend das Klo zu reinigen. Es war eine schmutzige, mühsame Arbeit. Zwei Tage später benötigte ich nur noch ein paar Stunden, um den Klowänden einen neuen Anstrich zu verpassen.

Ich habe keine Ahnung, wie lange die Farbe halten wird. Aber ich weiß wieder, wie hart Handwerker und Putzhilfen arbeiten müssen, um ihre Familien zu ernähren. Und woher ich komme und wie sehr mich das Leben verwöhnt hat.

*

Teile dein Glück, und es wird größer!
Glück kann man selbst dann schenken,
wenn man keines hat.

Cicero sagt: Durch nichts kommen die
Menschen den Göttern näher, als wenn sie
andere Menschen glücklich machen.

*

Meine ganz großen Glücksmomente empfand ich, wenn ich Kindern helfen durfte. Im Herbst 2009 hatten Terroristen mit einer Autobombe in einer Marktstraße im pakistanischen Peshawar über hundert Menschen getötet. Darunter die Eltern von sieben kleinen Pakistanis. Das kleinste der Kinder war ein Jahr alt, das älteste dreizehn. Die Hoffnung, die in den Augen dieser Kinder aufleuchtete, als ich ihnen Anfang 2010 eine gute Schulausbildung zusagte, werde ich nie vergessen.

Auch die Augen der kleinen Spoghmai nicht, als wir ein paar Monate nach unserem Besuch in Tora Bora ihren heimlichen Traum erfüllten und ihr eine Kuh und ein Kalb schenkten.

Ähnlich strahlten die Augen Marwas, der kleinen beinamputierten Irakerin, als sie im Oktober 2009 am Flughafen New York ankam. Sie wusste, dass hier eine neue, bessere Prothese auf sie wartete. Und einige Wochen ohne Krieg. Statt Bomben Burger. Marwa lebte in New York sichtlich auf.

Für diese Momente des Glücks in den Augen gequälter Kinder hat sich alles gelohnt. Ich bin dankbar, dass mir das Leben diese Möglichkeiten geschenkt hat.

*

Vergiss nicht die kleinen Freuden des Lebens! Vor allem nach harter Arbeit!

Wenn du älter wirst, wirst du feststellen, dass die kleinen Freuden in Wirklichkeit die großen Freuden waren.

Die meisten Menschen erkennen das Paradies erst, wenn sie es verloren haben.

*

Eine kühle Apfelschorle nach einem heißen Fußballspiel im Englischen Garten, eine Dschunkenfahrt mit einem geliebten Menschen auf dem Mekong in Kambodscha, ein Sonnenuntergang in der algerischen Sahara oder ein abendliches Pfeifduett mit einer Amsel auf dem Balkon meiner Münchner Wohnung – auch das ist Glück. Wenigstens dieses kleine Glück versuche ich jetzt festzuhalten.

Viel Glück schenken uns auch Tiere. Hamster, Katzen, Hunde, Pferde. Als meine Kinder zwölf, dreizehn und vierzehn waren, wünschten sie sich einen Hund. Ich sagte nein. Ich sah mich schon nachts bei Wind und Wetter den Hund spazieren führen. Das kam nicht in Frage. Es gibt Situationen, da muss man einfach hart bleiben.

Die Kinder belagerten meine Prinzipienfestigkeit ein halbes Jahr lang. Dann hatten sie mich sturmreif geschossen. Wenn sie zwei kleine Havanesen bekämen, würden sie sich um alles kümmern. Füttern, Pflegen, Gassi führen, alles. Sie würden mir das sogar vertraglich garantieren. Ein Hund sei zu wenig. Der sei immer einsam.

Unter nicht endendem Indianergeheul gab ich nach. Wir setzten einen ausführlichen Vertrag auf. Darin wurde festgelegt, dass die Hunde nie in unseren Betten schlafen dürften. Sie würden nie einen der beiden Wohnzimmersessel belegen, in denen ich normalerweise arbeitete. Und nie beim Essen auf der Küchenbank sitzen. Die Kinder sagten schriftlich zu, dass sie die Hunde nie während des Essens heimlich füttern würden. Mindestens einmal pro Tag, selbst wenn es Katzen hagelte, würden sie mit ihnen an die frische Luft gehen. Meine Frau unterschrieb feierlich, dass wir trotz Hunden auch in Zukunft jedes Jahr mindestens eine große Reise machen würden.

Dann kauften wir zwei winzige, weiße Havanesen. Sie sahen aus wie Wollknäuel. Später, als sie erwachsen und fünfzig Zentimeter groß waren, ähnelten sie kleinen Eisbären mit Teddyschnauze. Wir nannten sie Rambo und Jimmy.

Rambo verdiente sich seinen Namen jeden Tag aufs Neue. Er bellte selbst riesige, zähnefletschende Hunde todesmutig an. Allerdings nur, wenn er sah, dass ihre Besitzer sie straff an der Leine hielten. Selbst bei kalbsgroßen Bulldoggen ging er bis auf wenige Zentimeter an die aufgerissenen Mäuler heran. Er bellte die verdutzten Riesenhunde in Grund und Boden. Auch zum Flirten suchte er sich meist große Hunde aus. Obwohl er selbst auf Zehenspitzen keine Chance hatte.

Wir verbrachten mit Rambo und Jimmy unzählige schöne Stunden. Wenn ich abends manchmal niedergeschlagen nach Hause kam und mir auf der Wohnungstreppe pflichtbewusst die Schuhe auszog, legte sich immer einer der beiden neben mich. Er schaute mich an, als wollte er sagen: »Nimm's nicht so schwer, Junge! Du hast ja uns.«

Sie krempelten unser Familienleben völlig um. Mit großer Selbstverständlichkeit belegten sie sehr schnell beide Wohnzimmersessel. Wenn ich sie freundlich wegtragen wollte, protestierte die gesamte Familie. Ich, nicht die Hunde, musste in ein anderes Zimmer auswandern. Sie saßen beim Abendessen immer auf der Küchenbank und wurden ständig heimlich gefüttert – selbst von mir.

Wenn ich schlafen gehen wollte, lag meist schon Rambo, manchmal auch Jimmy auf meinem Bett. Leise schnarchend, offenbar von irgendwelchen Hundestreichen oder Hundedamen träumend. Auch große

Reisen gab es keine mehr. Den Hunden wurde in der Transportbox der Flugzeuge angeblich schlecht. Meine Familie meinte, das könne man Rambo und Jimmy nicht zumuten. Aus irgendwelchen Gründen nahm ich das alles hin. Weil die zwei unser Leben so bereicherten.

Nur gegen eine Entwicklung versuchte ich mich zu stemmen. Wenn es abends regnete, schneite, stürmte oder einfach saukalt war, hatten die Kinder stets eine Ausrede, warum sie leider nicht rauskonnten. Klassenarbeit, Fuß verstaucht, Erkältung. Oder einen wichtigen Anruf, auf den sie unbedingt warten mussten. Also sollte ich ran.

Eines Tages platzte mir der Kragen. Wütend zählte ich auf, was sie vertraglich zugesichert hatten. »Pacta sunt servanda!« brüllte ich, Verträge sind einzuhalten. Nichts war eingehalten worden, nicht ein einziger Punkt. Die Kinder ließen mich austoben. Dann sagten sie, ich solle ihnen bitte den Vertrag zeigen. Wütend antwortete ich, sie hätten den Vertrag zur Aufbewahrung bekommen. Unschuldig schüttelten sie den Kopf. Daran könnten sie sich nicht erinnern. Wenn ich den Vertrag fände, solle ich mich wieder melden.

Während meiner Standpauke, die die Kinder kein bisschen beeindruckte, stupsten Rambo und Jimmy mit ihren Schnauzen ständig gegen meine Schuhe. Das hieß: Wir wollen raus. Wütend legte ich ihnen die Leine an und ging zur Haustür. Ich bemühte mich, finster und streng zu blicken. Ich hatte ja erzieherische Pflichten. So leicht durfte ich meinen Kindern den systematischen Vertragsbruch und die »Urkundenunterschlagung« nicht durchgehen lassen.

Als mir draußen der frische Abendwind entgegenschlug, musste ich lachen. Was für ein Glück, dass mich meine Kinder reingelegt hatten! Dass ich jetzt mit Rambo und Jimmy, den zwei lustigsten Wesen dieser Welt, durch die dunklen Straßen der Stadt ziehen durfte. Dass ich zwei Freunde hatte, die mir zu jeder Tages- und Nachtzeit ihre Liebe und schlauerweise auch ihre Hochachtung schenkten. Die nie ein böses Wort sagten. So viel Glück – für so wenig Aufwand!

Es gibt keinen Streich, den sie uns nicht gespielt hätten. Höhepunkt des Weihnachtsessens in Sulden war jedes Jahr eine riesige Portion Rehpastete, die Paul von einem Südtiroler Freund mit geheimnisvollen Zutaten zubereiten ließ. Es gibt für mich nichts Köstlicheres. Ich freute mich schon Wochen vorher auf diesen Höhepunkt des Weihnachtsessens.

Weihnachten 2005 wurde die Spannung noch dadurch gesteigert, dass das Esszimmer schon zwei Stunden vorher abgeschlossen wurde. All meine Versuche, an die Rehpastete zu kommen, blieben erfolglos. Obwohl ich in solchen Dingen seit meiner Kindheit recht geschickt bin.

Rambo und Jimmy waren viel cleverer. Sie hatten sich nachmittags unter der Küchenbank versteckt. Und während wir im Wohnzimmer Bescherung feierten, machten sie sich über die Pastete her. Als wir zusammen mit unseren Gästen feierlich das Esszimmer betraten, putzten sie in einer Abschlussrunde gerade die letzten Reste der Vorspeise von den Tellern.

Dann wankten sie schweren Schrittes rülpsend zu ihren Lieblingssesseln im Wohnzimmer. Die Hundeknochen, die wir ihnen neben die Sessel gelegt hatten, würdigten sie keines Blickes. Während meine Schwiegermutter laut schimpfte, meine Frau weinte und ich etwas von Dauer-Vertragsbruch murmelte, platzten meine Kinder fast vor Lachen.

Rambo ist inzwischen tot, Jimmy ein würdiger, älterer Herr. Aber noch immer geht mir das Herz auf, wenn ich ihn gelegentlich treffe. Ich weiß, dass ich in meinem Leben einiges zu ändern habe. Einer der wichtigsten Punkte ist: Ich will mir einen Hund anschaffen. Ich möchte wieder einen echten Freund haben.

⋆

Sei sparsam dir selbst und großzügig anderen gegenüber! Lebe, wenn du wohlhabend bist, finanziell immer unter deinen Möglichkeiten! Nicht alles, was du besitzt, gehört dir.

⋆

Lebe einfach! Je bescheidener du lebst, desto glücklicher wirst du sein! Reich ist nicht, wer viel hat, sondern wer wenig braucht (Heinz Föll).

⋆

Die glücklichsten Menschen habe ich in bettelarmen Ländern getroffen. In den Favelas von Rio de Janeiro und im afghanischen Hindukusch. Bei jedem meiner Märsche, Eselsritte und Jeep-Fahrten in das sowjetisch besetzte Afghanistan erstaunte mich die Gelassenheit, das innere Glück der mich begleitenden Mudjahedin. Sie hatten alles verloren, Familien, Häuser,

Arbeit. Aber sie hatten eine große Aufgabe, ein großes Ziel: ihr Land befreien.

Auch für ihren tiefen Glauben habe ich sie bewundert. Vor allem das Gebet bei Sonnenaufgang und Sonnenuntergang war stets ein fast mystischer Akt. Ein Versinken in Gott, ein Eintauchen in den Kosmos. Wie gerne hätte ich mitgebetet!

Dieser Glaube hatte nichts von jenem Fanatismus an sich, den uns manche Politiker und Medien des Westens einreden wollen und der oft gegen Bezahlung exklusiv für westliche Fernsehsender inszeniert wird. Ich habe eine solche TV-Inszenierung in Bagdad selbst miterlebt.

*

Überschätze nicht das Glück der anderen!
Auch die scheinbar vom Glück
Verwöhnten tragen ihr Päckchen, selbst
wenn man es häufig nicht sieht.

*

Kein Kanzler hatte angeblich so viel Glück, so viel Fortüne wie Helmut Kohl. Aber welch furchtbare familiäre Schicksalsschläge musste er hinnehmen, welch bittere politische Niederlagen. Zum Beispiel als er bei seiner Kandidatur gegen Rainer Barzel um den Parteivorsitz hoch unterlag. Oder als die CDU/CSU-Fraktion gegen seinen Willen Franz Josef Strauß als Kanzlerkandidaten durchsetzte. Kohl hat nach keiner dieser Niederlagen aufgegeben. Er hat immer weitergekämpft. Sein unerschütterlicher Glaube an sich selbst hat ihn nie untergehen lassen.

Allerdings litt er darunter, dass er fast schon beim Anblick eines Stück Kuchens dicker wurde. Er aß so gerne! Als er einmal hinter mir die Treppe zum Fraktionssaal hochdrängte, hörte ich, wie er zu seinen Begleitern sagte, »er beneide diesen Kerl, der da vor ihm gehe und keinen Platz mache, nur um eines: Der könne essen, was er wolle und nehme nie zu«. Helmut Kohl wusste genau, wovon er sprach. Ich war mehrfach dabei, als er eine seiner berühmten Abmagerungskuren machte.

Bei einer Wanderung mit Bruno Heck und dessen persönlichen Mitarbeitern durch den Pfälzer Wald empfing uns Kohl zum Abendbrot hoch oben auf einer malerischen Burg. »Bruno, isch hab grad sechs Kilo abgenomme«, sagte er nach dem ersten Glas Pfälzer Wein. »Auf welcher Backe, Herr Ministerpräsident? Auf der linken oder der rechten?«, rutschte es Hecks vorlauter Sekretärin Christel Broszey heraus. Kohl war tief beleidigt und sprach kein Wort mehr mit Broszey. Sie wurde übrigens später als DDR-Spionin enttarnt. Aber damals war sie einfach nur frech.

In Wien, bei einem Abendessen mit Manfred Wörner und Bruno Heck, hatte Kohl ebenfalls gerade eine Hungerkur hinter sich. »Wer so viel gehungert hat wie ich, darf sich auch mal richtig satt essen«, versuchte er sich bei Bruno Heck zu entschuldigen, bevor alle Dämme brachen.

Ich habe noch nie einen Menschen so viel Vor-, Haupt- und Nachspeisen vertilgen sehen wie Kohl in jenem Wiener Restaurant nach dieser Vorrede. Leber- und Fischpasteten, Schinkenröllchen, Lachs, Hummer, Scampi – Schnitzel bis zum Abwinken und schließlich Strudel, Törtchen und Eis mit Schlagsahne in allen Variationen.

Meine letzte Begegnung mit Kohl in Bonn fand im Kanzleramt statt. Kohl hatte alle baden-württembergischen Bundestagsabgeordneten zum Abendessen eingeladen. Er saß an einem Tisch mit engen Vertrauten, direkt mir gegenüber. Wie meist in den Jahren unserer sorgfältig gepflegten Intimfeindschaft versuchte er, jeden Blickkontakt zu mir zu meiden.

Als Hauptgericht gab es Hirschgulasch. Kohl übersprang diesen Gang tapfer. Doch ich war müde und ausgehungert und bat zweimal um Nachschlag. Ich spürte, wie Kohls Blicke immer wieder zu meinem Teller glitten. Aber er blieb standhaft. Als ich allerdings ein drittes Mal nach einer Zugabe fragte, brachen seine guten Vorsätze zusammen. Er rief Juliane Weber zu sich und bat, sie solle ihm auch etwas von »dem Gulasch da« bringen. Dabei zeigte er auf meinen Teller. Was dann folgte, kann sich jeder selbst vorstellen. Vornehm ausgedrückt »aß sich der Kanzler richtig satt«.

All das klingt lustig, ist es aber nicht. Kohl hat sein Übergewicht vor allem in den späten Jahren schwer zu schaffen gemacht. Auch er hat seine Last zu tragen – im wahrsten Sinne des Wortes.

*

Lerne, um zu handeln! Der eigentliche Zweck des Lernens ist nicht das Wissen, sondern das Handeln. Sei im Handeln mindestens so gut wie im Reden!

Alles sollte zusammenpassen: deine Gedanken, deine Worte, deine Taten, deine Wohnung, deine Kleidung und dein Lebensstil. Innere und äußere Haltung sollten eine Einheit sein.

Suche dein inneres Gleichgewicht, deine Harmonie! Lebe in Freundschaft mir dir selbst! Handle stets aus diesem Gleichgewicht heraus!

⋆

Lache aus ganzem Herzen! Vor allem über dich selbst. Humor heilt die meisten Krankheiten.

⋆

Das Leben ist so ernst – gerade deshalb sollte man viel lachen. Auch wenn es manchmal schwerfällt. In meinen jungen Jahren als Bundestagsabgeordneter fiel mir das Lachen viel leichter als heute. In Kaiserslautern trat ich im Karneval sogar als Büttenredner auf. Mit erstaunlich großem Erfolg!

Allerdings musste ich mich vorher immer erst in Fahrt bringen. Bis zu meinem Auftritt in der »Fruchthalle« trank ich Unmengen von Sekt. Ich darf gar nicht schreiben wie viel. Bei meiner Rede wollte ich mindestens so fröhlich sein wie die sechshundert schunkelnden Gäste.

Die Erfolge meiner karnevalistischen Auftritte sprachen sich herum – in Bonn sowie in Mainz beim ZDF und bei der ARD. Mehrfach fragten TV-Redaktionen an, ob sie meinen Auftritt mitschneiden dürften. Ich lehnte dankend ab. Ich hatte schon genug Ärger in Bonn. Trotzdem tauchte bei einer meiner Büttenreden ein TV-Team auf. Als ich die Bühne betrat, schaltete es die Scheinwerfer an. Ich gab dem Karnevalspräsidenten Hardi Höfli ein Zeichen, dass ich erst beginnen könne, wenn die Scheinwerfer wieder ausgeschaltet würden.

Nach einigem Hin und Her geschah das auch. Da fast alle Zuhörer ähnlich angeheitert waren wie ich, wurde die Rede erneut ein großer Erfolg. Auch weil ich mich selbst kräftig auf die Schippe nahm, die Honoratioren der Stadt nicht schonte und natürlich die eigene Partei, die CDU, und deren Vorsitzenden Helmut Kohl durch den Kakao zog.

Den größten Beifall bekam ich jedes Mal, wenn ich nach der Bütt den Ein-Liter-Weinkelch, den mir der Karnevalspräsident reichte, in einem Zug austrank. So begeistert wurde in Kaiserslautern normalerweise nur bei Toren des FCK gejubelt.

Nach dem letzten Schluck musste ich allerdings schnell zu meinem Sitzplatz. Dort warteten meine beiden Begleiter, um mich rasch aus dem Saal zu bringen. Spätestens zehn Minuten nach dem Austrinken des Kelches musste ich im Auto sitzen. Dann wurde mir wie jedem normalen Menschen hundeübel.

Während die beiden mich noch in der Nacht nach Bonn fuhren, träumte ich selig. Allerdings musste ich zwischendurch einigen Autobahnraststätten Kurzbesuche abstatten, um meinen Flüssigkeitshaushalt zu regulieren. Um drei Uhr morgens war ich endlich in meinem Bonner Bett. Ich fiel in einen tiefen Schlaf.

Kurz nach zwölf Uhr mittags schrillte unablässig das

Telefon. Mit schrecklichen Kopfschmerzen schleppte ich mich zu dem Apparat. Rosel Weimer war dran und berichtete aufgeregt, ich solle den »Südwestfunk« anschalten. Dort laufe seit zehn Minuten meine Büttenrede.

Die Jungs vom Fernsehen hatten zwar die Scheinwerfer abgestellt, die Tonbänder aber weiterlaufen lassen. Sie waren einfach cleverer als ich. Und ich hatte so gehofft, dass meine Späße über die CDU in Kaiserslautern bleiben würden.

Am nächsten Tag, kurz vor der Sitzung der CDU/CSU-Fraktion, kam der Sprecher Helmut Kohls, Eduard Ackermann, auf mich zu. Kopfschüttelnd nestelte er aus seiner Brusttasche mehrere Zeitungsartikel. Dann schaute er mich durch seine lupenförmigen Brillengläser mit dem berühmten Ackermannblick an: »Ich lese, Sie machen Ihre Witze über den Parteivorsitzenden jetzt schon auf Karnevalsveranstaltungen«, meinte er süffisant. »Das muss ja eine lustige Veranstaltung gewesen sein.«

Das war sie auch. Nicht nur wegen meiner Bemerkungen zu Kohl, sondern weil ich mich – wie alle Narren – am meisten über mich selbst lustig gemacht hatte. Und weil ich etwas zuviel getrunken hatte, was ich das ganze Jahr über nie tat. Aber es hatte keinen Sinn, das Eduard Ackermann, der mich gut leiden mochte, zu erklären. Ich hatte mal wieder einen Karrieresprung gemacht – wie üblich nach unten.

Die Bürger meines Wahlkreises und meine CDUler aber hauten mir bei meinen nächsten Veranstaltungen begeistert auf die Schulter. Sie hatten ihren Spaß gehabt. Ich eigentlich auch.

⋆

Suche dir gute Freunde! Ein richtiger Freund ist mehr wert als tausend Verbündete.

Lass nie einen Freund in Not allein! Sei da, wenn er dich braucht!

⋆

Hilf den Menschen in ihren dunklen Stunden! Auch deinen Feinden! Sie werden es dir nie vergessen. Weise nie eine Hilfe suchende Hand zurück!

Auch ich habe das spät gelernt. In einigen Fällen zu spät. Aber einige Male habe ich es auch richtig gemacht.

⋆

Ärgere dich nicht, wenn auf andere zu viel Ruhm und Ehre fällt! Fast alle großen Dinge enden mit der Auszeichnung der Unbeteiligten.

Ein türkisches Sprichwort sagt: Ein Esel bleibt ein Esel, auch wenn sein Sattel aus feinstem Leder ist.

Verzichte auf äußere Ehren! Ehre selber!

⋆

1980 informierte mich das Büro des Fraktionsvorsitzenden Kohl, dass dieser mich beim Bundespräsidenten zur Verleihung des Bundesverdienstkreuzes vorschlagen wolle. Ich gestehe, ich fuhr Kohls Büroleiterin wütend an, der Vorsitzende solle sich das Bundesverdienstkreuz sonst wohin stecken. Sie solle ihm das bitte wörtlich bestellen.

Ich war sauer. Im Vergleich zu unzähligen Menschen, die sich Tag für Tag ehrenamtlich um andere kümmern, hatte ich das Bundesverdienstkreuz überhaupt nicht verdient. Außerdem war ich gerade als entwicklungspolitischer Sprecher abgewählt worden. Trostpreise hatten mich nie interessiert. Und schließlich nehme ich – nachdem ich mehr aus Spaß und ungefragt Ehrengirlscout und US-Ehrenoberst geworden war – grundsätzlich keine Ehrungen mehr an. Höchstens Narrenorden!

Auch Hubert Burda wusste das und respektierte es. Obwohl er meine Abneigung gegen Ehrungen als höchste Form der Arroganz bezeichnete. Er selbst verlieh jedes Jahr beim Führungskräfte-Treffen seines Konzerns selbstentworfene Firmen-Orden. Den »Officier«-Orden und den »Chevalier«-Orden. Den »Chevalier« gab es für besonders herausragende Leistungen. Die Auswahl der Ordensempfänger und die jeweilige Begründung besprach er meist mit mir.

So auch beim Führungskräfte-Treffen im Europark Rust im Jahr 2000. Schmunzelnd beobachtete ich die Verleihung der Orden aus der Distanz. Im Grunde war die Sache mit den Firmenorden eine schöne Idee. Hubert Burda hielt sich auch präzise an alle Absprachen – bis auf seinen letzten Satz: »Der Chevalier-Orden geht in diesem Jahr an Jürgen Todenhöfer.«

Ich war wie vom Schlag getroffen. Ich wollte die

Auszeichnung unter keinen Umständen – genauso wenig wie andere Auszeichnungen. Jeder wusste das, Hubert Burda ganz besonders. Aber sollte ich deswegen einen Eklat provozieren? Ich rührte mich lange nicht von der Stelle. Fast zu lange. Doch dann ließ ich mir den Orden stockwütend anheften. »Darüber reden wir noch«, flüsterte ich Hubert Burda zu.

Aber das beeinträchtigte dessen diebische Freude, mir einen Streich gespielt zu haben, überhaupt nicht. Helmut Markwort, der meine Abneigung gegen Orden ebenfalls kannte, amüsierte sich königlich. Er selbst war auch nicht wild auf den Orden.

Bei unserer nächsten Begegnung musste mir Hubert Burda versprechen, dass beim nächsten Führungskräfte-Treffen Helmut Markwort dran glauben müsse. Hubert Burda hielt Wort – wie immer eigentlich. So wurde Helmut Markwort ein Jahr später zum »Chevalier«, zum Ritter, geschlagen. Auch er machte gute Miene zum fröhlichen Spiel. Obwohl er vermutete, dass ich hinter der Verleihung stand.

Als sich alle lange genug gefreut hatten, ging ich noch einmal ans Mikrofon. Es gebe heute eine weitere Überraschung, erklärte ich. Den »Chevalier«-Orden erhalte dieses Mal auch der Mann, der ihn am meisten verdiene: Hubert Burda. Unter dem tosenden Beifall der Führungskräfte, die spürten, dass hier Ungewöhnliches geschah, heftete ich Hubert Burda den »Chevalier«-Orden an.

Hubert Burda spielte wie stets fair mit. Er konnte nicht ahnen, dass ich ihm genau jenen Orden »zurückverliehen« hatte, den er mir ein Jahr zuvor ans Revers geheftet hatte.

*

Verwechsle Mitte nicht mit Mittelmäßigkeit!

Triff klare Entscheidungen! Sag klar ja oder nein! Die Philosophie der goldenen Mitte gibt dir einen klaren Standpunkt für klare Entscheidungen. Sie ist keine Ausrede für bequeme Sowohl-als-auch-Entscheidungen.

Sei aber kein Fanatiker, kein Sektierer! Hüte dich vor allen Extremen!

*

Liebe und ehre deine Eltern! Gib Ihnen etwas von der Liebe zurück, die sie dir ihr Leben lang gegeben haben!

*

In meiner Jugend habe ich meinen Eltern viel Kummer gemacht. Ich war faul, frech und interessierte mich nur für Fußball, Mädchen, Skifahren und Reisen. Meine Eltern haben manches böse Wort von mir ertragen müssen. Die Zornesausbrüche meines Vaters endeten meist mit dem enttäuschten Ausruf: »... Flegel, der du bist!«

Ich hatte das große Glück, dass meine Eltern sehr alt wurden. So konnte ich ihnen wenigstens am Ende ihres Lebens zeigen, dass ich sie trotz all der bösen Worte immer geliebt habe.

Nachdem meine Mutter 1994 an Krebs gestorben war und wenig später auch meine Schwester starb, verlor mein Vater zunehmend die Lust am Leben. Bei meinen Freiburg-Besuchen achtete ich nun stets darauf, dass ich spätestens um zwanzig Uhr bei ihm zu Hause war. Dann sahen wir zusammen die »Tagesschau« an. So konnte er endlich wieder einmal mit jemandem über die Probleme dieser Welt sprechen. Anschließend betrachteten wir einen Tierfilm – bis einundzwanzig Uhr. Dann ging mein Vater ins Bett.

Wenn es ausnahmsweise keinen Tierfilm gab, erzählte er aus seinem Leben. Manchmal auch vom Krieg, den er hasste. Seine Geschichten begannen in der Regel mit dem Satz: »Hab' ich dir schon erzählt, wie wir in Russland vor Woronesch lagen?« Er hatte. Doch ich hörte ihm so gerne zu. Bis zu seinem siebenundneunzigsten Lebensjahr hat er mir von Woronesch erzählt. Dort war er schwer verwundet worden.

*

Ergreife einen Beruf, der deinen Interessen
und deinen Wertvorstellungen entspricht!
Gib im Beruf dein Bestes!

Behandle deine Mitarbeiter so, wie du
behandelt werden wolltest, wenn du an ihrer
Stelle wärst! Finde ihre Begabung heraus
und fördere sie! Lobe jede gute Leistung!

Bleibe deinen Grundsätzen auch gegenüber
deinen Vorgesetzten treu! Wenn das eines
Tages in wichtigen Punkten nicht mehr
möglich ist, ziehe dich zurück!

Verkaufe deine Aktien – wenn es geht – in der Hausse, nicht in der Baisse! Gehe im Erfolg, nicht in der Niederlage!

⋆

Ich hatte das Glück, in meinem Berufsleben Menschen zu begegnen, die bei Meinungsverschiedenheiten fair blieben. Letztlich gilt das auch für Helmut Kohl. Ich habe seine Politik kritisiert, dagegen durfte er sich wehren. Das hat er getan. Es war sein Recht.

Auch mit Hubert Burda gab es harte Konflikte. Zweiundzwanzig Jahre lang haben wir immer wieder um den Kurs seines Unternehmens gerungen. Einige der Auseinandersetzungen waren heftig und laut. Hubert Burda hatte die ungewöhnliche Größe, das zuzulassen. Das Gleiche galt für Konflikte mit Helmut Markwort. Sie wurden von seiner Seite ritterlich ausgetragen. Nie drangen Einzelheiten nach außen. In der Medienbranche ein bemerkenswerter Vorgang!

⋆

Eigne dir die wichtigsten stoischen Tugenden Selbstbeherrschung und Besonnenheit an! Bleibe gelassen, wenn das Chaos ausbricht! Der Erfolgreiche wird ruhig, wenn die anderen nervös werden.

Ärgere dich nicht so oft! Viele Dinge kann man gelassener hinnehmen.

⋆

*

Versuche, auch in dunklen Stunden deine innere Heiterkeit zu bewahren! Zeige in schwierigen Zeiten Größe!

Deinen wichtigsten Besitz, deinen Charakter und deine Taten, kann dir ohnehin niemand nehmen.

Sag ja zum Leben mit seinen Höhen und Tiefen, seinen hellen und dunklen Tagen!

*

Mein Vater hat als Staatsanwalt und als Richter viel gearbeitet. Abends, nachts, an Wochenenden. Er hatte ein klares Ziel. Er wollte Senatspräsident am Oberlandesgericht werden. Dafür rackerte er jahrzehntelang mit großer Gewissenhaftigkeit. 1965 war es so weit. Er wurde zum Präsidenten des 4. Zivilsenats am Oberlandesgericht Karlsruhe ernannt. Sein berufliches Glück kannte keine Grenzen.

Er beschloss, seine Freude mit anderen zu teilen. In unserer bescheidenen Wohnung in der Bayernstraße in Freiburg wollte er den ersten Empfang seines Lebens geben. In seinem Lieblingssessel sitzend, schrieb er gerade die Namen von einem Dutzend Freunden und Bekannten auf, als im Flur das Telefon klingelte.

Beschwingten Schritts ging er zu dem Apparat. Einige Augenblicke hörten wir nichts. Dann stieß mein Vater einen Ur-Schrei aus, den ich nie vergessen werde. »Nein!«, schrie er, »nein!« Dann brach er schluchzend zusammen. Der Regimentskommandeur seines zwanzigjährigen Sohnes, meines Bruders Joachim, hatte ihm mitgeteilt, dass dieser tot war.

Joachim hatte sich freiwillig zur Bundeswehr gemeldet, die er sehr liebte. Er wollte Offizier werden. Doch er war durch irgendeine Prüfung gerasselt. Seine Welt war zusammengebrochen. Er hatte noch einmal seine Lieblingssinfonie, Tschaikowskys Fünfte, angehört. Dann war er in seinen kleinen Fiat gestiegen und hatte sich das Leben genommen.

Auf einen kleinen Zettel hatte er in den letzten Minuten seines Lebens gekritzelt: »Lieber Vati, ich gratuliere dir noch einmal zu deiner Ernennung zum Senatspräsidenten. Du hast jetzt alles erreicht. Seit heute weiß ich, dass ich nichts erreichen werde. Bitte verzeih mir! Ich habe dich sehr lieb. Dein Joachim.«

Mein Vater hat diesen Schicksalsschlag, der ihn im Augenblick des höchsten Glücks traf, nie überwunden. Zu groß war sein Schmerz. Ich habe ihn nie mehr fröhlich lachen hören. Jeden Tag, fast vierzig Jahre lang, ging er zu Fuß zum Grab seines Sohnes am anderen Ende der Stadt. Bei Wind und Wetter. Er wollte bei ihm sein. Zum Fußballstadion, das in der Nähe des Friedhofs lag, ging er nie mehr. Er hatte es früher so gerne besucht.

Joachim wurde als Kind Ago genannt. Deshalb habe ich meine Münchner Stiftung für einsame alte Menschen »AGO-Stiftung« genannt. Doch das kommt wieder alles viel zu spät. Mein Bruder war ein noch größerer Träumer als ich. Er lebte nicht wirklich in dieser Welt. Er lebte in der Welt seiner Gedanken. Er saß fast immer zu Hause. Er erfand Dinge, die keiner brauchte. Oder er hörte stundenlang klassische Musik.

Joachim litt selbst darunter, dass er keine Freunde hatte. Mein Vater gab ihm immer neue Tipps, wie er das Interesse seiner Klassenkameraden wecken könne. Er solle sonntagabends die wichtigsten Fußballergebnisse auswendig lernen. Dann könne er montags mitreden. Aber niemand wollte mit Joachim über Fußball reden. So saß er in der großen Pause meist allein auf einem Stein des Schulhofs und träumte.

Doch später bei den Panzergrenadieren der Bundeswehr lebte er auf. Endlich hatte er Kameraden. Obwohl er unsportlich war, gab er bei Nachtmärschen selbst mit blutigen Füßen nie auf. Er rauchte und trank, um seine Kameraden nicht zu verlieren. Er tat alles, um einer von ihnen zu werden.

Dann flog er durch dieses Examen. Weil er nach Auffassung der prüfenden Offiziere angeblich kein Talent zum Berufsoffizier hatte. Doch das wusste Joachim auch! Deswegen hatte er sich ja so angestrengt und so für die Bundeswehr eingesetzt. Dass er in seinem Glück und Übermut einen Panzer fast zu Schrott gefahren hatte, war natürlich nicht Karriere fördernd gewesen. Aber ich habe selten einen Menschen erlebt, der seinen Beruf so hingebungsvoll liebte wie Joachim.

Wie ein Hammerschlag zerstörte das Votum der Prüfer seine zwei Lebensträume: Freunde zu haben und ein Ziel, für das es sich lohnte zu leben. Die Verteidigung seines Landes. Mit seiner ganzen Kraft, seinem ganzen Herzen, seinem ganzen Idealismus.

Auch ich habe Joachim, der drei Jahre jünger war als ich, nie geholfen. Ich habe ihn gnadenlos alleingelassen. Nie habe ich ihn zu irgendeiner Party mitgenommen oder Freundinnen und Freunden vorgestellt.

Stattdessen habe ich ihn wegen seiner Kontaktarmut mit saudummen Bemerkungen kritisiert wie: »Dann sitz halt nicht so blöd zu Hause rum!« Nie habe ich ihm ein gutes, ein liebes Wort gesagt, nie, nie, nie.

Unsere letzte Begegnung eine Woche vor seinem Tod war ein heftiger Ringkampf wegen eines Streits mit meiner Mutter. Natürlich habe ich gewonnen. Ich Esel wäre nie auf die Idee gekommen, ihn einmal gewinnen zu lassen. Mein Gott, was habe ich alles falsch gemacht! Und immer zu spät gemerkt.

*

Stürze dich in die Arbeit, wenn dich Trauer, Schmerz und Pessimismus zu lähmen drohen! Auch die dunkelste Wolke zieht vorüber.

*

Mach jeden Tag mindestens einem Menschen eine Freude! Es darf auch ruhig ein Familienmitglied sein.

Das ist so einfach. Meist genügt ein freundliches Wort. Oder eine kurze Mail. Ohne jeden konkreten Anlass. Ein Schulterklopfen, ein Lächeln.

Wie die Kinder von Kabul, Hanoi oder Rio de Janeiro, die einfach nur »Hello Mister, how are you?« rufen. Und ein Lächeln auf das Gesicht des Fremden zaubern.

Schenke den Menschen etwas von dem Leuchten, dem »göttlichen Funken«, den du in dir trägst!

★

Warum habe ich das nicht häufiger getan? Vielleicht hätte ich dann heute noch einen Bruder.

★

Denke positiv, und du wirst Positives bewirken! Deine Taten sind Kinder deiner Gedanken.

Sei optimistisch! Optimismus ist die Grundhaltung der Sieger. Optimismus heißt nicht, zu glauben, man werde jede Auseinandersetzung gewinnen. Optimismus ist die Gewissheit, sich am Ende durchzusetzen.

★

Bleibe auch dann fair, wenn das Leben unfair zu dir ist!

★

Halte die zehn Gebote ein! Sie sind der Mindeststandard unserer Zivilisation. Ob alle unsere Politiker das fünfte Gebot kennen? »Du sollst nicht töten«, heißt es.

★

Liebe deine Heimat, dein Vaterland und die Welt! Sei ein guter Deutscher, ein guter Europäer und ein guter Weltbürger!

Sei offen und gerecht gegenüber allen Menschen dieser Welt! Vorurteile, Diskriminierung und Rassismus sind das Kainsmal schlechter Verlierer.

★

Wir Deutsche haben in dieser Frage mehrfach versagt. Erst in den deutschen Kolonien. Dann vor allem gegenüber den Juden. Für uns Deutsche ist dadurch nicht nur eine ewige moralische Verpflichtung gegenüber Juden entstanden. Sondern gegenüber allen diskriminierten Menschen dieser Welt.

Wenn eines Tages rechtsradikale Fanatiker meinem jüdischen Testamentsvollstrecker etwas antun wollten, würde ich es als Pflicht ansehen, mich vor ihn zu stellen und ihn zu verteidigen. Ich weiß, das ist ein großes Wort. Aber ich habe mich in meinem Leben mehrfach für andere zusammenschlagen lassen. Physisch und psychisch.

Dieselbe Pflicht würde ich jedoch auch empfinden, wenn jemand der kleinen afghanischen Spoghmai etwas antun wollte. Anne Franks Cousin Buddy Elias hat das in die treffenden Worte gekleidet: »Ich habe die Aufgabe, Annes Botschaft weiterzutragen: den Kampf gegen Diskriminierung *jeglicher* Art.«

★

Liebe die Menschen, egal, welcher Religion oder welcher Nation sie angehören! Gerechtigkeit, Respekt und Liebe sind der Schlüssel zur Lösung aller Probleme.

★

Wir sollten andere Kulturen und Religionen ruhig etwas mehr respektieren. Selbstverständlich »darf« man Mohammed-Karikaturen veröffentlichen. Aber ist alles, was man »darf«, auch gut? Ich darf mir auch Kot ins Gesicht schmieren. Ist das, weil ich es darf, auch gut?

Meinungs- und Pressefreiheit sind überragend hohe Güter. Ich werde sie immer verteidigen. Demokratie und Rechtsstaat sind ohne sie nicht möglich. Doch hat nicht auch Friedrich der Große recht, wenn er gleichzeitig Respekt fordert? Der preußische Reformer und Aufklärer hatte sofort zu Beginn seiner Regierungszeit nicht nur die Folter abgeschafft, sondern auch die Religions- , Presse- und Gedankenfreiheit eingeführt.

Und dennoch schrieb der Philosoph auf dem Königsthron an seinen Freund Voltaire: »Die Toleranz muss jedem Bürger die Freiheit lassen zu glauben, was er will. Aber sie darf nicht so weit gehen, dass sie die Frechheit und Zügellosigkeit von Hitzköpfen gutheißt, die etwas vom Volk Verehrtes ›dreist‹ beschimpfen.«

Der Preußenkönig war in Fragen des Respekts gegenüber Andersgläubigen souveräner als viele Kleingeister unserer Zeit. Friedrich der Große stellte seinen bosnisch-muslimischen Lanzenreitern einen Imam zur Seite, der fünfmal täglich zum Gebet rief. Den Türken versprach er sogar Moscheen, wenn sie nach Preußen kämen. Er war wirklich ein Großer.

Das Schüren von Vorurteilen gegen Fremde ist leider wieder ein einträgliches Geschäft geworden. Wer wie Wilders den Koran als »faschistische Ideologie« diffamiert, wie Sarrazin die Muslime als Untergang Deutschlands porträtiert oder wie Westergaard Mohammed als Terroristen karikiert, hat in unseren Tagen gute Chancen, Wahlen zu gewinnen, Geld zu scheffeln oder von der sonst so klugen deutschen Bundeskanzlerin feierlich ausgezeichnet zu werden.

Sie alle berufen sich auf das Menschenrecht der Meinungsfreiheit. Und vergessen, dass auch die Glaubensfreiheit der anderen ein Menschenrecht ist. Und auch die Würde der Muslime.

*

Kämpfe für eine Welt, die ihre Probleme nicht mit Gewalt und Krieg, sondern mit Gerechtigkeit und Klugheit löst! Kriege sind nie »heilig«. Heilig ist nur der Frieden.

*

Ich denke oft an Bagdad. Aus der einstigen Märchenstadt aus Tausendundeiner Nacht ist eine düstere Festung der 1000 Betonwälle, 1000 Schießtürme und 1000 schwer bewaffneten Checkpoints geworden.

Das letzte Mal war ich im Hochsommer 2009 dort. Zwanzig Stunden hatte ich gebraucht, um mich mit einem alten Taxi von Damaskus nach Bagdad durchzuschlagen. Eine abenteuerliche Reise voller Hindernisse und Gefahren. In Syrien hatte ich Gespräche mit irakischen Flüchtlingen geführt. Mit Muslimen und Christen. Eine dieser Geschichten ging mir auch im glutheißen Bagdad nicht aus dem Sinn. Die der jungen Schiitin Manal. Weil sie symbolisch ist für das Schicksal des gesamten irakischen Volkes.

Im Winter 2004 hatten GIs das Haus der damals 25-jährigen Manal gestürmt. Gefesselt, mit einem schwarzen Sack über dem Kopf, wurde sie samt ihrer Mutter ins Flughafengefängnis Bagdad gebracht. Die Amerikaner warfen ihnen vor, sie seien Terroristen. Als die Vorwürfe in sich zusammenfielen, wurden die Verhörmethoden verschärft. Manal wurde nachts mit dröhnender Musik beschallt und mit eiskaltem Wasser begossen. Betrunkene GIs drohten, man werde sie vergewaltigen, falls sie nicht gestehe. Man schnitt ihr die langen schwarzen Haare ab, ihren ganzen Stolz.

Wenige Tage später drohten die Wärter, falls sie weiter störrisch bleibe, werde ihre Mutter erschossen. Da Manal nichts zu gestehen hatte, stülpte man ihr erneut einen Sack über den Kopf. Dann peitschte ein Schuss durch den Nebenraum, in dem sich ihre Mutter aufhielt. Seelenruhig erklärten die GIs, der Schuss habe ihrer Mutter gegolten. Manal brach weinend zusammen. Am nächsten Tag spielten die GIs dasselbe Folterspiel mit ihrer Mutter. Auch sie erlitt einen Nervenzusammenbruch.

Eines Abends wurde Manal in einen Raum geführt, in dem ein leerer Tisch stand. Ein nackter junger Iraker wurde hereingezerrt und mit dem Oberkörper auf den Tisch gepresst. Mit einem Fußtritt wurden seine Beine gespreizt. Dann wurde er von einem uniformierten Amerikaner vergewaltigt. Manal versuchte verzweifelt, zu Boden zu schauen. Ihr Kopf wurde immer wieder nach oben gerissen.

Nach dreiunddreißig Tagen wurde Manal von den GIs nachts auf einer wenig befahrenen Straße aus dem Auto geworfen. Ihre Mutter musste noch ein halbes Jahr nach Abu Ghraib.

Manal hat ihre Träume nicht aufgegeben. Vor allem

nicht den Traum, ihre große Liebe, den ein Jahr älteren irakischen Sunniten Hayder, zu heiraten. Ein Hochzeitskleid konnte sie sich nicht leisten. Die GIs hatten bei ihrer Festnahme alle Wertgegenstände mitgehen lassen.

Als ich am späten Abend jenes Sommertages 2009 endlich in meinem Hotelbunker Milia Mansour zur Ruhe kam, erreichte mich ein Anruf von Manal. Sie bedankte sich, dass ich ihr heimlich ihr Lieblingshochzeitskleid gekauft hatte.

Der Westen hat dieses Land nicht befreit, er hat es vergewaltigt, zerbrochen. Hunderttausende wurden getötet, Hunderttausende verkrüppelt. Der Irak ist das Land mit den meisten Witwen und Waisen der Welt. Der Westen hat alles zerstört, was man zerstören kann. Es wird Jahrzehnte dauern, bis sich der Irak von der »Befreiung« durch den Westen erholt hat. Vom westlichen Terror im Namen der Tugend.

*

Versuche, als junger Mensch alte Menschen zu verstehen! Sie waren vor nicht allzu langer Zeit genauso jung wie du und sind es in ihrem Herzen vielleicht noch immer.

Aus der Sicht des Universums sind wir alle nur Sternschnuppen. Ob gerade erst aufglühend oder schon verglühend.

*

Versuche, als Erwachsener, als Sternschnuppe im Landeanflug, die Jugend zu verstehen und zu lieben! Versuche, sie so zu behandeln, wie du in deiner Jugend gerne behandelt worden wärst!

Bleibe bis ins Alter neugierig, lernbereit und offen für neue Ideen!

★

Denke an gestern und morgen, aber vergiss das Heute nicht! Versäume nicht den Zauber des Augenblicks! Nimm jeden Tag, der kommt, mit Freude!

Du lebst jetzt in Frieden, bist jetzt satt, jetzt gesund, hast jetzt Freunde. Genieße es – jetzt!

★

Sei tapfer, aber nicht tollkühn! Man muss im äußersten Notfall auch bereit sein, für die Verteidigung der Gerechtigkeit zu sterben. Wie die Geschwister Scholl oder Graf Stauffenberg, auf die wir heute so stolz sind.

Es kann Ausnahmesituationen geben, in denen es besser ist, als aufrechter Mensch im Widerstand zu sterben, als als Feigling weiterzuleben.

★

Achte auf einen guten Abgang! Der letzte Auftritt ist noch wichtiger als der erste.

★

Meine Abgänge waren immer unspektakulär, aber herzlich. Zumindest empfand ich das so. Als ich im Sommer 1989 beschloss, aus der Politik auszuscheiden, lud ich alle »meine« CDU-Orts- und Kreisvorsitzenden zu einem Vesper mit Butterbrezeln in unser Bodelshausener Mietshaus ein. Wir waren im Laufe der Jahre Freunde geworden. Es war ein Sonntagnachmittag.

Ich erklärte ihnen, dass es für mich Zeit war zu gehen. Ich wollte meine Ideale, meine Träume einigermaßen unbeschadet ins Privatleben hinüberretten. Das war mir wichtiger, als mich an den Kungeleien zu beteiligen, die ich in Bonn gebraucht hätte, um weiterzukommen.

Helmut Kohl hatte mir ja im Kanzleramt ausdrücklich angeboten, Frieden zu schließen. Ein paar Tage später hatte er sich im Plenum in einen der engen Abgeordnetensitze neben mich gezwängt. Dann hatte er auf die gelichteten Reihen der Abgeordneten gezeigt. »Alles Provinz«, hatte er gemurmelt. »Deswegen brauche ich Sie. In der Fraktionsführung oder im Kabinett.« Das war zwei Jahre her. In der Zwischenzeit hatte es zwar wieder gekracht. Aber auf das Friedensangebot hätte ich zurückkommen können. Oder auch nicht.

Doch ich wusste, meine Zeit war um. Zwanzig Jahre Politik waren genug. Inzwischen hatte ich bei SPD und Grünen genauso viele Freunde wie in der eigenen Fraktion. Die Feindbilder von gestern waren verblasst. In manchen Wahlkreisfragen demonstrierte ich gemeinsam mit den Gewerkschaften auf den Straßen Tübingens. Gegen die eigene Bundesregierung. Man sollte gehen, bevor man darum gebeten wird.

Während ich meine Entscheidung begründete, standen zwei der Ortsvorsitzenden auf und gingen nach draußen. Sie versuchten, ihre Tränen zu unterdrücken. Doch auch sie wussten, dass für Träumer wie mich die Bundeshauptstadt nicht mehr der richtige Platz war.

Wir sind Freunde geblieben. Ich hatte nicht nur in Rheinland-Pfalz, sondern auch in Baden-Württemberg eine wunderbare Zeit mit großartigen Menschen. Es gibt noch immer viele Idealisten in der Politik.

Als ich 2008 zu meinem achtundsechzigsten Geburtstag beim Burda-Konzern ausschied, übergab ich Hubert Burda einen Bildband mit Fotos, die ich auf den unzähligen Hubschrauberflügen zwischen München und Offenburg geschossen hatte. Märchenhafte Aufnahmen des Schwarzwalds, der Schwäbischen Alb und der Alpen – im Frühling, Sommer, Herbst und Winter. Ich habe die Aufnahmen und das Buch nur für Hubert Burda gemacht. Er hat mir – trotz aller Kämpfe – viel mehr geschenkt.

Ich bat ihn, keine Abschiedsfeier zu veranstalten. So etwas kann und brauche ich nicht. Stattdessen lud ich alle Betriebsräte aus Offenburg, München und Berlin zu einem deftigen Abschiedsessen nach München ins »Grüntal« ein. Einige Betriebsräte haben mich lange umarmt, obwohl wir uns in der Sache nie geschont hatten. Wir waren trotzdem Freunde geworden.

»Meine« Geschäftsführer lud ich mit ihren Lebenspartnern zu einem Abendessen ins »Gandl« nach München. Reden waren nicht zugelassen. Ich spielte ihnen das, was ich ihnen zum Abschied sagen wollte, auf meiner Gitarre vor. Das letzte Lied war Reinhard Meys Ballade »Gute Nacht, Freunde«. Ich beendete es mit dem leicht variierten Refrain:

> »Gute Nacht, Freunde! Es wird Zeit für mich zu gehen. Was ich noch zu sagen hätte, dauert eine Zigarette und ein letztes Glas im Stehen. Gute Nacht, Freunde, es ist Zeit für mich zu gehen.«

Dann packte ich die Gitarre ein. Eine schöne, wenn auch harte Zeit war vorbei. Wieder waren es rund zwanzig Jahre. Neue Aufgaben warteten. Mit unserem Berliner Chefredakteur Jochen Wolff stand ich bis zwei Uhr morgens an der Bar. Dann musste ich – nur für ihn – noch einmal »My Way« singen.

★

Lebe so, wie du am Ende deines Lebens wünschen wirst, gelebt zu haben!

★

Habe keine Angst vor dem Tod! Er ist das letzte große Abenteuer deines Lebens. Alle Menschen vor dir haben es bestanden. Du wirst es auch bestehen.

Das Leben ist schön – warum sollte der Tod weniger schön sein?

Tod bedeutet Wiederaufgehen im Kosmos, Befreiung aus dem Gefängnis des Körpers, von den Fesseln der Welt. Erlösung von den Aufgeregtheiten eines ständig wechselnden Zeitgeistes, der sich selbst nie durchschaut.

Endlich frei, endlich Unendlichkeit!

*

Manchmal beneide ich jenen schwarzbraun marmorierten Schmetterling von Salvador de Bahia.

Tagelang war er fröhlich, wie berauscht von der glühenden Sonne Brasiliens, um mich herumgeflattert. Oft hatte er sich in meine Nähe gesetzt, während ich schreibend und lesend im lichtdurchfluteten Palmenhain eines kleinen Fischerhauses saß. An einem hellen Fleck auf dem rechten Flügel war er von den anderen Schmetterlingen leicht zu unterscheiden, die unter den Kokospalmen ihre spätsommerlichen Tänze vollführten.

Eines Nachmittags schienen seine Flügelschläge schwerer als sonst. Er segelte und glitt häufiger als sonst und flatterte meist nur noch, um Höhe zu gewinnen. Mehrfach umkreiste er mich, als wollte er mir etwas mitteilen. Dann flog er langsam in Richtung des blaugrünen Meeres, dessen weiß schäumende Wellen rauschend gegen den Strand schlugen.

Als ich gegen Abend ans Meer ging, saß er regungslos, mit ausgebreiteten Flügeln auf dem hellen Sand. Langsam stieg die Flut. Mein Schmetterling rührte sich nicht. Ich setzte mich neben ihn. An der Bewegung seiner ausgestreckten Fühler konnte ich erkennen, dass er mich wahrnahm.

Doch ich schien ihn nicht zu interessieren. Er wartete voller Konzentration und Ruhe auf etwas anderes, Wichtigeres. Sein letztes großes Abenteuer, seinen letzten Auftritt. Selbst als die ersten flachen Wellen bis auf einen Meter an ihn herankamen, blieb er ruhig sitzen. Als eine leichte Brise aufkam, presste er seine dunklen Flügel gegen den hellen Sand.

Ich stand auf, um ihn allein zu lassen. Gegen Abend würde ihn eine kleine weiße Gischtwoge erfassen und sanft aufs weite Meer hinaustragen. Zu seinem letzten Tanz. Nach einem Sommer voller Sonne, voller Leben. Ich denke oft an die Schmetterlinge von Salvador de Bahia.

An mir hat der Tod bisher nie Interesse gezeigt. In Afghanistan wurde ich mehrfach mit Hubschrauberraketen und Maschinengewehren beschossen. Noch heute habe ich den Splitter einer sowjetischen Maschinengewehr-Patrone im linken Knie. In Kabul beschossen die Taliban mein Hotel mit Raketen. Im Irak hatte ich ähnliches Glück. Die Morddrohungen waren hier nur viel konkreter. Ich hatte immer einen Schutzengel.

Trotzdem ist der Tod stets in meinen Gedanken. Irgendwann kommt er zu jedem. Unser Leben ist nur ein Kurzbesuch der Erde. Zeitlich begrenzt wie ein Zirkusauftritt. Irgendwann ist die Vorstellung zu Ende. Für Zuschauer, Pausenclowns und für die Stars der Manege. Für alle. Der Tod ist das einzig Sichere im Leben.

Das Drehbuch für diesen letzten Akt habe ich selbst geschrieben. Warum sollte ich das anderen überlassen? Es wird keine Trauerfeier geben. Nur ein fröhliches Fest. In Sulden mit Tiroler Speck und Hirschsalami. Reden wird es keine geben, sondern nur ein von

Kindern fröhlich gesungenes »Nun danket alle Gott«. Meine Asche wird in alle Winde verstreut werden.

Ursprünglich wollte ich noch eine heitere Video-Ansprache an meine Familie und meine Freunde halten: »Was ich euch schon immer einmal sagen wollte.« Aber darauf habe ich dann doch verzichtet. Wahrscheinlich wäre ich der Einzige gewesen, der die Rede lustig gefunden hätte. Auch Zeitungsanzeigen wird es nicht geben. Und auch kein Grabmal. Ich möchte gehen, wie ich gekommen bin. Damals gab es auch keine Anzeigen und keinen Gedenkstein.

Wenn ich an den Tod denke, empfinde ich eine Mischung aus Abschieds- und Aufbruchsstimmung. Wie damals, als ich mit achtzehn zum ersten Mal nach Nordafrika aufbrach. Und als ich mich nach langen Wochen wieder auf den Weg nach Hause machte.

Als ewig Suchender und Träumer hoffe ich, dass meine wundersame Reise weitergehen wird. Dass ich in den Wolken, im Wind und im Regen weiterleben darf. Um auf die Menschen aufzupassen, die ich liebe. Dass ich ihnen helfen kann, ihre großen und kleinen Auftritte in der Manege des Lebens zu bestehen.

V.
Edelsteine aus China

Fast zwanzig Jahre hatte Marco Polo zusammen mit seinem Vater und seinem Onkel Ende des 13. Jahrhunderts am Hof des Kaisers von China verbracht. Sie waren unermesslich reich geworden.

Als sie 1295 beschlossen, nach Venedig zurückzukehren, standen sie vor einem großen Problem. Wie sollten sie ihr riesiges Vermögen auf dem Landweg über Tausende von Kilometern nach Italien transportieren? Auf Wegen, an denen es vor Straßenräubern, vagabundierenden Söldnern, geldgierigen Herrschern und sonstigen Halunken nur so wimmelte?

Sie beschlossen, ihr Vermögen, soweit es ging, gegen Edelsteine einzutauschen. Alles andere würden sie zurücklassen, so schwer es ihnen fiel. Die Edelsteine nähten sie derart geschickt in ihre Mäntel ein, dass sie nicht zu entdecken waren. So schafften sie es, einen großen Teil ihres Vermögens nach Italien zu bringen.

Wenn ich von all dem, was ich in diesem Buch geschrieben habe, nur das Wichtigste auf eine lange Reise mitnehmen dürfte, würde ich mich für folgende »Edelsteine« entscheiden:

Glücksedelsteine

- Teile dein Glück! Tue viel für dich, aber noch mehr für andere!

- Suche das Glück nicht in materiellen Dingen, sondern in dir selbst! Wohlstand macht nur glücklich, wenn du damit Gutes tust.
- Genieße die kleinen Freuden des Lebens!

Erfolgsedelsteine

- Mache viel aus deinen Talenten! Tue jeden Tag etwas zur Verwirklichung deiner großen und kleinen Träume!
- Glaube an dich und an das, was du tust! Bleibe dir treu!
- Sei willensstark und fleißig, mutig und freundlich! Teile dein Glück! Und niemand wird dich aufhalten!

Edelsteine des Gemeinwohls

- Behandle alle Menschen dieser Welt so, wie du selbst behandelt werden möchtest!
- Tritt ein für eine Welt, die ihre Probleme nicht mit Gewalt, sondern mit Gerechtigkeit, Klugheit, Tapferkeit und Maß löst! Kriege sind nie »heilig«. Heilig ist nur der Frieden.
- Lass die Welt reicher zurück, als du sie vorgefunden hast – und sei es nur deine eigene kleine Welt! Teile dein Glück!

Wenn ich nur einen einzigen Edelstein mitnehmen dürfte, hieße er: »Mach was aus deinen Talenten und teile dein Glück!«

*

Februar 2010. In einem kleinen Toyota-Pritschenwagen kämpfen wir uns auf einer schmalen Gebirgsstraße Richtung Khyberpass. Vorbei an tiefen Schluchten und schroffen Felsen.

Wir, das sind acht schwerbewaffnete Grenzsoldaten, mein Dolmetscher und ich. Sechs Mann des Begleitkommandos sitzen mit ihren Kalaschnikows fröstelnd auf den schmalen Holzbänken der Ladefläche. Zwei, darunter der Befehlshaber der kleinen Truppe, haben sich mit ihren Maschinenpistolen ins Innere des Wagens gequetscht. Es ist eng und warm. Ich sitze auf einem harten, heißen »Jammer«, einem Störsender zur Bekämpfung von Funkminen.

Ausländern werden normale Taxifahrten zum Khyberpass schon lange nicht mehr genehmigt. Immer wieder kommt es hier zu schweren Kämpfen zwischen der Armee und Aufständischen. Auch die USA greifen mit ihren unbemannten Drohnen gerade in dieser Gegend des Hindukusch immer wieder gezielt an.

Vor uns taucht die Grenzstadt Torkham auf. Erst vor wenigen Tagen hat es hier bei einem Anschlag zahlreiche Tote gegeben. Der Verkehr nimmt zu, wir kommen nur noch im Schritttempo voran. Die Grenzsoldaten entsichern ihre Kalaschnikows.

Am Straßenrand kommt uns in zerschlissenen Gummisandalen ein etwa zwölf Jahre junger hübscher Pakistani mit verwuschelten Haaren entgegen. Er trägt einen schmächtigen, offenbar gelähmten Jungen auf seinem Rücken. Beide strahlen über das ganze Gesicht. Das ist in dieser finsteren Gegend so verblüffend, dass ich den Kommandanten des Grenztrupps bitte, kurz anzuhalten. Etwas widerwillig gibt er dem Fahrer ein Zeichen.

Ich steige aus und gehe auf die beiden Jungen zu. Auch sie sind stehen geblieben. Unbewaffnete Westler sind am Khyberpass eine Seltenheit. Über meinen Dolmetscher frage ich den fröhlichen Träger, warum er so strahle. Karim, so heißt der kleine Paschtune, antwortet: »Weil ich glücklich bin.«

Wer der gelähmte Junge auf seinem Rücken sei, fasse ich nach. »Mein Bruder. Den trage ich jeden Tag spazieren. Ein paar Stunden.« Ob das nicht schwer und mühsam sei, will ich wissen. »Nein, das ist schön«, lacht Karim. »Er ist mein Bruder.« Dann geht er freudestrahlend weiter, seinen Bruder im Huckepack.

Karim ist glücklich, weil er seinem Bruder eine Freude machen kann. Obwohl er in einer der armseligsten und gefährlichsten Gegenden der Welt lebt. Er teilt sein Glück, obwohl er eigentlich gar keins hat. »Karim« heißt auf Deutsch »großzügig«.

Tugendtafeln

Die wichtigsten **sanften Tugenden** lauten:

- Klugheit
- Maß und Mitte
- Nächstenliebe, Respekt, Freundlichkeit und Herzlichkeit, sein Glück teilen mit den Menschen aller Völker, Rassen und Nationen
- Solidarität, Hilfsbereitschaft, Fürsorge, Barmherzigkeit, Mitleid, Mitfreude
- Demut, Milde, Sanftmut, Opferbereitschaft
- Toleranz, Rücksichtnahme
- Geduld
- Gegenseitigkeit (Was du von anderen erwartest, tue auch für sie – Matthäus)
- Teamgeist, die Kunst, sich Freunde und Verbündete zu schaffen
- Versöhnlichkeit, Friedensliebe, Feindesliebe
- Liebe gegenüber den Eltern, Familiensinn
- Respekt und Liebe gegenüber jedem Lebewesen, gegenüber der Natur
- Ehrfurcht vor Gott

Irre ich mich, wenn ich sage, dass die sanften Tugenden recht selten geworden sind? Vor allem »Nächstenliebe«? Obwohl sie zentrales Gebot des Alten und Neuen Testaments sowie des Koran ist. Juden, Christen und Muslime hindert das nicht daran, sich ihre heiligen Bücher immer wieder um die Ohren zu schlagen. Die »Kinder Abrahams« haben vergessen, dass sie Kinder Abrahams sind.

Die wichtigsten **Ordnungstugenden** heißen:

- Fleiß, Leistungswille, Energie
- Rechtschaffenheit
- Ehrlichkeit, Wahrhaftigkeit, Aufrichtigkeit
- Vertrauenswürdigkeit
- Gewissenhaftigkeit, Zuverlässigkeit
- Verantwortungsbewusstsein
- Treue, Loyalität
- Unbestechlichkeit
- Dankbarkeit
- Sparsamkeit, Bescheidenheit
- Geradlinigkeit, Einfachheit
- Gründlichkeit, Sorgfalt
- Disziplin, Gehorsam
- Ordnungsliebe
- Reinlichkeit, Gepflegtheit
- Höflichkeit, Pünktlichkeit, gute Manieren
- Gemeinsinn, Heimat- und Vaterlandsliebe

Die Ordnungstugenden werden – mit einigen Einschränkungen wie Ehrlichkeit und Unbestechlichkeit – noch immer von vielen Menschen hochgehalten. Gerade in Deutschland.

Die wichtigsten **Siegertugenden** lauten:

- Gerechtigkeit und Fairness
- Kraft, sich große, wertvolle Ziele zu setzen

- Siegeswille, Engagement und Begeisterung
- Tapferkeit, Mut, Zivilcourage, Furchtlosigkeit und in Ausnahmesituationen auch Heroismus
- Selbstdisziplin
- Standhaftigkeit, Durchhaltevermögen
- Beharrlichkeit
- Selbstbeherrschung, Gelassenheit, Besonnenheit und Zuversicht
- Glaube an sich selbst, Selbstbejahung, Selbstachtung
- Bejahung des Lebens mit seinen Höhen und Tiefen, seinen schönen und seinen bitteren Stunden
- innere Heiterkeit, Aristokratie des Herzens, Seelengröße
- Großzügigkeit (mehr geben, als man zurückerwartet), Gastfreundschaft
- kämpferische Toleranz (mein Schlüsselbegriff für die politische Auseinandersetzung)
- Härte gegen sich selbst
- Kraft, allein zu sein, Kraft zu leiden
- Genügsamkeit, Enthaltsamkeit, Sparsamkeit sich selbst gegenüber
- Kraft zu schweigen
- einfach und trotzdem stilvoll leben
- mehr sein als scheinen
- die Erde reicher zurücklassen, als man sie vorgefunden hat

Das sind für mich die Tugenden der Sieger. Wir sollten sie genauso hochhalten wie die anderen Tugenden!

Jeder kann ein »Sieger« sein. Egal, welche gesellschaftliche Stellung er hat. Ob jemand ein Sieger ist, hängt von seinem Herzen ab, nicht von seinem Bankkonto. Meine Assistentin Veronika oder meine Putzhilfe Edith sind Sieger. Weil sie sich ihre Fröhlichkeit weder durch harte Arbeit noch durch Schicksalsschläge nehmen lassen.

Weil sie anderen Menschen Freude schenken. Weil sie ihr kleines Glück teilen und dadurch groß werden.

Die 33 größten **Untugenden** heißen:

- Neid
- Faulheit
- Feigheit
- Unehrlichkeit, Heuchelei, Schmeichelei, Falschheit, Verschlagenheit, Hinterlist
- Käuflichkeit
- Unzuverlässigkeit, Untreue
- Großmäuligkeit, Geschwätzigkeit
- Oberflächlichkeit
- Eitelkeit, Ruhmsucht, Extrovertiertheit
- Arroganz, Hochmut, Überheblichkeit, Dünkel, Eingebildetsein, Selbstverliebtheit
- Verschwendungssucht
- Habgier
- Geiz
- Hass
- Bösartigkeit
- Gewalttätigkeit
- Intoleranz, Fanatismus
- Rassismus
- Rachsucht
- Schadenfreude
- Häme, Hohn

- Schamlosigkeit, Unverschämtheit
- Maßlosigkeit, Zügellosigkeit, Lasterhaftigkeit
- Leichtsinn
- schlechte Manieren, Unhöflichkeit, Unpünktlichkeit
- Unbeständigkeit
- Schlamperei
- Gleichgültigkeit
- Selbstsucht
- Lieblosigkeit, Hartherzigkeit
- Dickköpfigkeit, Starrsinn
- Selbstverachtung
- Pessimismus, Fatalismus

Das liest sich fast wie eine Beschreibung unseres Zeitgeistes. Wir sollten uns damit nicht abfinden. Auch wenn manche dieser Untugenden sehr verführerisch klingen.

Register